석곡石斛의 은은한 향기 속에

석곡石斛의 은은한 향기 속에

이효순 수필집

수필과비평사

머리글

정든 고향을 그리며

내가 살던 고향은,
낮은 야산과 두꺼비가 노니는 구룡산자락 산남동입니다.
계절이 바뀔 때마다 드나들던 산엔
봄이면 진달래가 연분홍빛으로 물들고
철 따라 피고 지던 들꽃들의 향연에
마음을 나누며 살았습니다.

봄밤에 구슬피 울던 소쩍새
산비탈에 하얗게 피던 배꽃
밤이면 자장가 같은 개구리 소리
모두 내 친구가 되었습니다.

시간이 흐르며
고향엔 아파트가 높이 올라가
마을을 모두 감추어 버렸습니다.
그러나 그 고향은 아직도 내 마음에 남아
이렇게 작은 꿈들을 연둣빛으로 물들였습니다.

그동안 저를 이끌어주신 김홍은 교수님
묵묵히 기다려주신 따뜻한 가족들
저를 사랑해 주신 많은 분께
진심으로 감사드리며
끝없이 먼 초록 들판을 바라보며
발걸음을 옮깁니다.

2011년 6월 정든 고향을 그리며

이효순

차례

2부 카키색 구두

3부 석곡石斛의 은은한 향기 속에

4부 천사들의 웃음

빛바랜
편지

피아노

5월이 머지않아 문을 연다. 봄 향기로 가득한 교정에 목련꽃이 활짝 피었다. 봄이 깊어지면 라일락꽃의 향기가 가득했던 중학교 시절의 음악실이 생각난다. 그땐 피아노가 무척 치고 싶어, 〈은파〉를 연주하시는 선생님을 부러운 눈으로 바라보던 기억이 아련하다. 곁에 두고 치고 싶던 피아노는 결혼 후 2년 만에 하늘나라로 가신 도련님의 선물로 내게 안겨졌다.

고 3때 교회에 오르간 한 대가 들어왔다. 초등학교에 근무하던 마을 언니가 결혼하여 다른 지방으로 떠나게 되었다. 반주할 사람이 없어서 당장 내가 연습하여 그 자리를 이어야 했다. 온기가 없어 시린 손을 입김으로 녹여가며 찬송가 책을 펴 놓고 하루에 여덟 시간씩 연습을 하였다. 식사 시간도 잊고 연습 하는 경우가 많아 어머니는 밥 먹고 연습하라며 교회 언덕을 자주 오르셨다. 그렇게 한 달을 하고 나니 찬송가는 서툴지만 웬만큼 반주를 할 수 있었다. 제대로 배우지 않고 혼자 연습하였기 때문에 어느 땐 모르는 곡이 나오면 반주를 할 수가 없어 안절부절 못 하던 일도 여러 번 있었다. 사람들에게 부끄러운 때도 한두 번이 아니었다. 얼굴이 뜨겁게 그리고 빨갛게 달아오르기도 여러 번이었다.

처음으로 교직에 발령을 받은 곳은 하루에 차가 세 번 다니는 산골 마을이었다. 그곳에는 62건반 오르간이 있었다. 오르간은 무척 낡았으나 소리는 계곡을 흐르는 맑은 물처럼 투명하였다. 학교 아저씨 말로는 일정시대부터 있던 오르간이라 했다. 이곳에서도 피아노 배우고 싶은 마음은 식지 않았다. 면소재지에 한 대뿐인 피아노가 교회에 있었는데 그곳에서도 교습은 할 수가 없었다. 나는 저학년 아이들을 보낸 오후의 시간은 주로 맑고 은은한 소리가 나는 오르간 연주를 하며 즐겁게 보냈다.

이듬해 3월, 읍 소재지에 있는 학교로 발령을 받았다. 그 곳에 가서 제일 먼저 피아노 배울 곳을 찾았다. 집에서 좀 먼 곳이었으나 배울 수 있다는 기쁨에 피곤을 모르고 열심히 다녔다.

새 학교에 발령받으며 피아노를 한 대 사고 싶었다. 그러나 너무 많은 자금이 필요하였다. 대신 오르간을 한 대 구입하여 고향집에 놓고 집에 갈 때마다 함께 지냈다. 교습소의 선생님이 운지법을 제대로 배우지 않아 다시 배워야 된다고 하시며 친절하게 가르쳐 주셨다. 이십대 후반에 배우는 피아노는 악보와 내 손과 협응이 제대로 되지 않았다. 악보는 빨리 읽지만 손은 따라 주지 않았기 때문에 아이들보다 배의 시간을 연습에 투자하지 않으면 안 되었다. 바이엘을 마치고 체르니 30번을 익히며 〈엘리제를 위하여〉도 연습을 하였다. 그 곡 연습을 마치기도 전에 남편을 만나 결혼하게 되면서 피아노 교습은 거의 할 수가 없게 되었다. 그렇게도 원했던 일인데 아쉬움 속에 접고 말았다.

쌍둥이 아들이 태어나던 해, 도련님은 군에서 복무 중 교통사고로 저세상 사람이 되었다. 시어머님께서는 보상금의 일부를 떼어 내게 피아노 한 대를 사주셨다. 아들 잃은 서글픔을 뒤로하신 채 어떻게 피아노 갖고 싶어 하는 며느리의 마음을 헤아리셨는지 참 감사했다. 전공을 하지 않은 내겐 과한 선물이었다.

피아노에 앉아 도련님이 좋아하던 〈은파〉를 칠 때마다 도련님의 조용한 얼굴이 하얀 건반 위에 서린다. 손가락이 가는 멜로디마다 도련님의 따스했던 웃음도 묻어난다. 남편보다 늘 자상해서 형이 배려하지 못한 부분까지 휴가 오면 챙겨주곤 했었다. 하루는 퇴근하여 돌아와 보니 어수선했던 방 안이 깔끔하게 정리된 때도 있었다. 살아있으면 남편도 덜 외로울 텐데. 지금은 그리움 속의 초상이 되고 말았다.

오늘도 갈색 낙엽 빛깔의 피아노를 본다. 시동생의 모습이 선명하게 떠오른다. 어머니께서 사주셨지만 어쩌면 시동생이 형수에 마지막 선물로 남겨준 것이다.

목련이 지고 있다. 4월이 가기 전에 박목월 님의 〈4월의 노래〉를 피아노를 치면서 부르고 싶다. 우리 집 대문 옆에 보랏빛 라일락도 피었으니….

무심천無心川에 날아온 백로

지난 유월 무심천 하상도로를 지나게 되었다.

몇 해 전부터 자연스럽게 조성된 숲은 그곳으로 자연을 불러들이고 있었다. 맑은 물과 냇가 주변에 가득한 푸름은 행인의 마음을 상쾌하게 해 주었다. 흐르는 개울 안에 작은 바위섬이 있었다. 그곳에 우뚝 서 있는 한 마리의 백로는 물과 주변의 푸른 숲과 조화를 이루어 한 폭의 그림 같았다. 마치 행복한 청주를 품에 안은 듯 평화로워 보였다.

청주의 젖줄이자 시민 정서의 모태가 되는 무심천은 우암산과 함께 청주를 대표하는 자연이 준 청주 시민의 가장 큰 선물이다. 현재 고수부지 롤러스케이트장에 있는 무심천 유래비에 보면, 통일신라시대엔 남석천南石川, 고려시대엔 심천沁川, 조선시대엔 석교천石橋川, 대교천大橋川, 일제강점기 시기엔 무성뚝, 오늘의 무심천無心川으로 불려왔다는 유래가 있다.

내가 어릴 때의 기억으로는 지금은 없어진 남다리와 고당다리, 서문다리만 있었다. 시골에서 지내다 가끔 여름에 부모님과 함께 큰어머니 댁에 갈 때는 물이 맑아 다리로 가지 않고 개울로 건너던 기억이 생생하다. 흐르는 세월 따라 무심천은 여러 모습으로 내 마음에 남아 있다. 그중 가장 인상 깊었던 것은 주로 큰 장마로 인해 붉은 황토 빛으로 내려가던 많은 물이었다. 물 구경을 하러 건물 옥상에 올라가 보면 만물상처럼 온갖 것들이 거센 물살과 함께 떠내려갔다. 그 모습을 보며 마음 상한 적이 한두 번이 아니었다. 장마 질 때마다 물과 함께 쏟아지는 쓰레기 더미가 마음을 불쾌하게 한 것도 여러 번이었다.

언제부터인가 시 당국의 배려로 무심천은 다시 옛 모습을 차츰 찾아가고 있다. 개울 양쪽 둑에 벚꽃 길을 조성하고 대청댐 물을 끌어들여 사계절 맑은 물을 볼 수 있도록 하였다. 차츰 살아나는 생태계는 각종 새와 곤충, 물고기, 동식물이 공존할 수 있는 터전을 마련하였다. 몇 년 전 청원교육청에 근무할 때의 일이다. 점심을 먹고 나면 마땅히 쉴 곳이 없어 무심천으로 나왔다. 한창 봄이 무르익을 무렵, 둑엔 벚꽃의 향연이 흐드러지게 펼쳐지고 있었다. 무심천은 말없이 봄을 싣고 유유히 흐르고 있었다. 흐르는 맑은 물을 거슬러 올라오는 붕어 떼가 보였다. 붕어가 자맥질을 하며 내가 보고 있는 주변을 올라갔다 내려갔다 하면서 재미있게 놀고 있었다. 순간이었지만 그 물결에서 세월을 보았다. 어린 시절 개울에서 물고기를 잡던 기억이 새로웠다. 기억은 아득히 먼데 눈앞에 지난 시절 모습이 펼쳐지니 얼마나 신기하고 정답던지…. 머릿속에 있는 스트레스가 모두 풀리는 듯하였다. 그곳에 근무하는 동안 겨울철 얼음이 언 때를 제외하곤 무심천의 물고기와 많은 시간을 같이하며 윤택한 시간을 보냈다.

무심천의 봄은 개울 가장자리에 먼저 온다. 누구의 지시 없이도 자연은 그곳 버들가지의 보송보송한 모습으로 새봄을 알린다. 맑아진 물소리와 생명이 솟아나는 경이로움을 개울 가장자리 언덕에 앉아 음미한다. 말없는 자연의 소리는 사람에게 평안함을 안겨준다. 스스로 자신들을 조절하며 언제 무엇을 해야 하는지 때를 거르지 않고 차분하게 연출해 간다. 어느 것 하나 어수선함이 없이….

무심천은 세월이 더해감에 따라 흐르는 하천에서 서서히 테마가 있는 청주 시민의 쉼터로 발돋움해 나가고 있다. 하상도로를 통해 교통체증을 분산시키고, 자연과 더불어 즐길 수 있는 산책로, 자전거 도로, 각종 문화 행사를 할 수 있는 고수부지의 넓은 공간, 어린이들의 생태 학습장, 롤러스케이트장을 갖추고 있다. 이렇듯 시민들은 이곳에서 만남을 통해 정서를 키우며 삶의 질을 향상해 간다.

객지에서 가끔 만나는 오래전 청주에 살았던 고향친구나 동료들은 계절에 따라 무심천의 안부를 꼭 묻는다. 고향을 이곳에 둔 사람에게 무심천은 어머니의 품처럼 정이 가득 담긴 보금자리가 되고 있다.

자연은 사람에게 말없이 살아가며 지켜야 할 도리를 가르치고 있다. 물이 맑아지니 자연스럽게 고기떼가 몰려오고, 먹이가 있으니 백로도 날아든다. 지난날 생활폐수가 흐르던 때는 생명체들이 그곳에서 살 수 없었다. 우리가 가꾸고 보존하지 않으면 다시 자연은 황폐해지고 새와 물고기는 더 좋은 곳을 찾아 다시 멀리 떠날 것이다.

무심천에 백로가 날아왔다. 도심지 중앙으로 유유히 흐르는 무심천, 얼마나 아름다운가! 도시 주변에 하얀 백로가 노닐고 평화로움이 가득한 행복한 청주, 이곳에서 우리의 꿈나무들이 둥지를 틀고 자랄 수 있게 가꾸어 가야 되겠다. 무심천이 살 곳이라 날아온 백로가 해마다 이곳에서 우리들과 함께 정을 나누는 풍성한 삶의 요람이 되었으면 좋겠다.

무심천에 날아온 백로처럼 나도 이곳에서 그들과 함께 오래도록 살고 싶다.

가을밤

감나무 사이의 달빛이 작은 창으로 들어온다. 그 빛은 내 마음의 호수에 잔잔한 물결을 이룬다. 한낮의 가을 햇살에 곱게 빛나던 감잎사귀와 벽에 붙은 담쟁이 잎새도 달빛 속에 고요히 잠들었다. 이따금씩 늦가을의 밤하늘을 날아가는 기러기 모습에 마음이 쓸쓸해지는 것은 가을이 사색의 계절이기에 느끼는 감정이 아닌지 모르겠다.

쪽빛 하늘을 벗 삼아 함께 걷고픈 코스모스 곱게 핀 가을 길, 누런 황금빛으로 가득한 가을 들녘…. 베토벤의 〈달빛〉을 들으며 따끈한 녹차 한 잔을 마시면서 가을을 음미하고 싶다. 차가운 가을밤의 달빛과 함께.

오래전 초임지에서의 가을이 생각난다. 가을이 깊어져 빛바랜 플

라타너스의 이파리들이 바람이 불 때마다 바스락거리며 가을을 연주하던 때였다. 주일날 당직이라 출근을 했다. 이른 아침 고요한 산마을의 교정, 밤새 몰래 떨어진 나뭇잎들이 아늑한 그곳을 가득 채웠다. 흙이라곤 하나도 보이지 않게 덮여 사람들이 골고루 깔아 놓은 것 같았다. 운동장 가득 채워진 진한 갈색의 잎사귀들을 보니 낙엽 빛깔의 커다란 이불 같았다. 나는 그만 교문 진입로에 발을 멈추어 옮길 수가 없었다.

아! 이럴 수가, 감탄이 절로 났다.

나는 그 낙엽 밟는 소리를 들으며 교무실로 들어와 창밖으로 보이는 운동장을 다시 한 번 바라보았다. 흰 서리가 낙엽 위에 아침 햇살을 받으며 영롱하게 빛나고 있었다. 자리에 앉아 책을 펴니 나도 모르게 눈물이 주르르 흘렀다. 그 눈물 속엔 가을날 이별의 아픔이 담겨 있었는지도 모른다. 언니의 주선으로 그해 여름에 만났던 기타를 잘 치시던 선생님에 대한 기억이 떠올랐다.

여름날 강습장에서의 짧은 만남, 피아노실에서 그가 좋아하는 〈불꺼진 창〉을 노래하며 잔잔하게 나누던 삶에 대한 이야기….

가을 달이 밝던 밤, 기차에서 내린 나를 마중 나와 우리 집까지 바래다주고 차가 끊어진 시간에 어떻게 그 먼 곳까지 돌아갔는지 지금도 궁금하다. 차편이 좋지 않던 그 시절에. 그 날 이후 일주일 만에 이별의 편지가 왔다. 나는 밤을 지새우며 이별의 아픔을 견디지 못해 일주일 동안 밥을 먹을 수 없었다. 그 사람이 아니면 삶의 의미가 없다며 괴로워하고 마음 돌리지 못했던 철없던 시절, 호롱불 희미한 빈 방에 앉아 흰 편지지에 눈물 자욱을 만들며 그에게 서글픈 사연을 적어 보냈던 깊어가던 가을밤이 이제는 찢기어나간 일기장처럼 되어 버렸다.

변덕스러운 것이 사람의 마음이라더니 세월이 지난 지금은 아련한 추억 속에서 이렇게 담담할 수 있는 것을….

그 가을날 밝던 달은 이순에 가까워가는 나를 지금도 변함없이 비추어주고 있다. 내 검은 머리에 하나둘 더해가는 흰머리는 세월의 흔적을 고스란히 안은 채 나와 함께 살아가고 있다. 그렇게 못 견디게 아픈 마음을 그때는 왜 참기가 힘들었는지, 마음이 순수했기 때문일까? 아니면 이젠 그 깨끗했던 마음에 삶의 흔적들이 채워져서 초연하게 살아갈 수 있는 것일까? 마치 고요한 밤바다에 일렁이는 잔물결처럼. 그 가을밤 하늘에 둥실 떠있는 달을 보면 아직도 마음이 설렌다. 무엇인가 애절하게 표현하지 못했던 꾸밈없는 지난 시절의 그리움들이 달빛 속으로 빠져들기 때문이다.

푸시킨의 시 한 구절이 생각난다. '마음은 언제나 미래에 사는 것, 현재는 언제나 서러운 것, 모든 것은 한순간에 지난다. 그리고 지나간 것은 다시 그리워진다'. 이렇듯 인생은 희로애락의 흐름 속에 자신을 돌아보고 반성하며 키워가는 것이다. 초승달에서 보름달, 차고 기우는 달이 우리 인생과 많이 닮았다.

처절하리만치 차갑게 밝은 달이 뜬 가을밤. 그는 지금 무엇을 하며 지낼까? 달이 밝은 이 가을밤에…. 그 아리고 슬픈 이별과 눈물은 가난한 마음을 풍요로운 열매로 영글게 하고 있다.

이렇게 가을밤은 지난 세월들을 회상하며 메마른 삶, 때 묻은 마음들을 되돌아보고 다시 한 번 추억에 젖게 해준다.

아직도 가을 달은 밤하늘의 중천에 걸려있다. 이순耳順을 바라보는 가을밤에 초연해진 마음으로 자연과 함께 살고 싶다.

조금은 더디고 부족해 보이더라도.

빛바랜 편지

나뭇잎이 가을바람에 흔들린다. 푸르고 싱그럽던 모습도 간곳 없이, 기온이 떨어지니 단풍이 곱다. 푸르던 잎이 그렇게 변해가듯이 내게 주어진 시간도 색깔을 바꾸는 것 같다. 이제 나의 시간은 분명 청춘의 원색이 아니다. 좀 바랜 듯한 빛을 가진, 그러나 그것도 서릿발로 더욱 고와진 단풍처럼 아름다워 보인다. 책꽂이 한쪽에 꽂힌 낡은 책이 나와 기나긴 세월을 함께하고 있다. 낡은 책을 펼치면 묻어나는 낙엽 냄새, 그리고 친구의 정이 담긴 빛바랜 편지가 들어 있다. 곱게 흘러간 지난날이 참 그립다.

이 계절이 되면 생각나는 친구가 있다. 그녀는 초롱꽃을 닮아 다소곳하며 말이 없었지만 입가엔 늘 웃음이 가득했다. 여학교 시절 우리는 학교에서 멀리 떨어진 곳에서 살았다. 그녀는 나와는 달리 공부하는 데 성실하였고 모든 면에서 비교가 되지 않게 뛰어났다. 그러나 우리는 같은 자리에 앉은 짝꿍이었다. 그녀는 성적이 우수하고 모범생이었던 반면 나는 그렇지 못했다. 그런 가운데도 공통점이 한 가지 있었는데 그것은 시를 좋아하는 것이었다. 나는 틈만 있으면 유명한 시인들의 시를 노트에 적고 암송하는 것이 너무나 즐거웠다. 그래서 공부는 뒤로하고 심지어는 시험 볼 때에도 그 일만 계속하였다.

여름방학이 되면서 그녀에게 편지를 보냈다. 답장을 보고 깜작 놀랐다. 내가 좋아하는 시를 그녀도 좋아했기 때문이었다. 참 반가웠다. 그때까지만 해도 공부만 하는 아이로 생각했다. 나와 바라보는 방향이 같은 줄은 생각도 하지 않았다. 방학이면 편지로 정을 나누며 지냈는데 어느 가을날 나뭇잎이 고와질 때 서울로 취직이 되어 서로 떨어져 있게 되었다. 그러나 그 먼 거리는 우리들에게 더 많은 편지를 쓰게 하였고, 삶이 무엇인지 어떻게 살아가야 하는지를 생각하게 했다.

그 후 몇 년이 지났다. 우리가 나눈 우정은 필연이었는지 같은 관내에서 생활하는 교육동지가 되었다. 그녀가 전공한 국문학은 소녀 시절의 내 꿈이었다. 내가 피우지 못한 꿈을 그녀가 이룬 것이다. 대리 만족이라고 할까. 기뻤다. 나와 함께 생각을 나누면서 지낼 수 있는 것이 참 좋았다. 늘 조용한 미소와 눈가에 번지는 잔잔한 웃음, 그리고 겸손한 마음이 세월이 흘러도 쉽게 변하지 않았음을 알 수 있었다.

지난번에 집안 정리를 하다 그녀가 보낸 편지 묶음을 찾았다. 한 통도 버리지 않고 철끈으로 묶어 두었었다. 흰 편지지는 퇴색되어 칙칙하고 얼룩져 갈색으로 변해 있었다. 또박또박 써내려간 손길이 어찌 그리 고운지…. 한동안 눈길을 편지에서 떼지 못하였다. 언젠가 시간이 나면 그것을 정리하여 그녀에게 선물로 주고 싶다. 결혼할 때에도 그 편지 묶음을 일기장과 함께 가져왔고 이사 할 때도 그것을 버릴 수가 없어 가지고 다녔었다.

세월이 40여 년 가깝게 흘렀다. 그 편지를 읽어가는 동안 젊은 시절의 기억이 고스란히 떠올랐다. 함께 나누었던 사연들 속에 우리의 우정이 가득 담겨있는 것이 참 아름다웠다. 그녀를 생각하면 마음이 평온해진다. 인터넷으로 검색한 그녀의 얼굴엔 세월의 흔적이 많이 묻어 있었지만 빛바랜 편지 속의 그녀는 아직도 다정한 친구며 십대 후반의 소녀이다.

양성산의 진달래

주말의 따스한 햇살이 나를 산으로 부르고 있었다. 가끔 오는 산인데, 오늘은 정말 잘 왔다는 생각이 들었다. 눈 안으로 들어오는 진달래는 양성산의 정상으로부터 연분홍빛으로 산허리를 물들이고 있었다. 마음은 설렘으로 가득했다. 임에 대한 그리움이 그렇게 붉게 피었는지…. 산을 오르다 멈추어 반대편을 바라보았다. 그곳 역시 꿈결 같은 진달래로 가득했다. 오늘 저 모습을 못 보았으면 오래도록 아쉬움으로 남을 그런 하루였다.

진달래를 보면 아버지 생각이 간절하다. 어린 시절 우리 집은 겨울이면 땔감이 부족하여 어린 잡목을 베어다가 땔감으로 사용했다.

아버지의 나뭇짐에는 봄에 필 꽃눈이 있는 진달래의 잔가지들이 드문드문 섞여있었다. 부엌에서 아궁이에 불을 땔 때 진달래 가지가 나오면 한쪽으로 가려놓았다. 50대 전후의 세대들은 한번쯤 경험해 본 일일 것이다.

가려낸 가지들을 유리병에 꽂아 놓고 진달래가 피기를 기다린다. 12월에 꽂아두면 이듬해 2월쯤에 꽃이 핀다. 햇빛이 없이 자라 빛깔은 선명하지 않지만 좀 이르게 봄을 맞곤 했다. 꽃을 보기까지 하루하루의 기다림의 시간들. 지금 생각하면 때 묻지 않은 마음이 참 순수했다. 경험하지 않은 사람들은 이해할 수가 없을 것이다.

아버지께서 가신 지 이십 년이 넘었지만 진달래가 피는 계절이 되면, 연분홍 빛깔처럼 고왔던 아버지의 마음이 내 가슴속을 파고든다.

정상으로 올라갈수록 진달래는 자잘한 잔가지가 많았다. 비바람에 시달려도 쓰러지거나 흔들리지 않기 위해서인지, 삶에 대한 본능이 식물도 똑같았다. 작은 키와 잔가지 사이로 비바람이 다 비켜갔다.

진달래의 모습과 빛깔은 조금씩 다르다. 분홍색을 기준으로 진하고 여리게 여러 색으로 피어있다. 사람의 얼굴이 다르듯 진달래의 빛깔도 다른 것이 많이 있었다.

진달래는 '두견화'라고도 부른다. 두견화는 두견새와 많은 관련이 있다. 두견새는 중국의 촉나라 망제의 죽은 넋이 붙었다는 전설도 있다. 한 맺힌 두견새가 토한 피가 떨어진 자리에 진달래가 핏빛으로 붉게 피었다는 이야기도 오래전에 들은 기억이 났다.

나는 정상을 향하여 계속 올라갔다. 두고 온 고향, 이 계절이 되면 진달래를 꺾으러 온 산을 헤맬 생각에 사로잡혔다. 물오른 나뭇가지에 새순이 트기 시작하면 진달래 꺾으러 산으로 가는 것이 학교를 다녀온 후의 일과였다. 진달래 필 때가 되면 보리밭은 온통 푸르름으로 가득했다. 진달래를 꺾으러 가면 문둥이가 나온다는 소름끼치는 소문도, 산마을엔 전설처럼 전해졌다. 겁은 났지만 그것도 잠시뿐 산으로 달음질하곤 하였다.

고향 산에도 진달래가 많이 있었다. 어린 시절에는 진달래를 '참꽃'이라고 불렀다. 먹을 수 있는 꽃이라 하여 그렇게 부른 듯하다. 그러나 이곳 양성산처럼 많지는 않았다. 지금 생각하니 그때에는 땔감으로 많이 베었기 때문인 것 같다. 산등성이를 타고 가면서 푸른 소나무 사이에 곱게 핀 진달래를 보면 마음이 무척 설렜다. 그 꽃을 꺾어서 집에 가져다 꽂으려고 산을 마구 뛰어다니던 생각이 떠올랐다.

언젠가 처녀 시절 객지에서 산골아주머니의 장바구니에 담긴 진달래꽃을 보았다. 고향이 그리워 그 꽃을 사 가지고 왔다. 진달래꽃과 설탕을 유리병에 겹겹이 넣고 밀봉해 두었더니, 한 달이 지나자 꽃잎과 설탕이 혼합되어 분홍빛 물이 생겼다. 내 집에 오는 분들께 연분홍빛 진달래 차를 하얀 찻잔에 담아 대접하였다. 분홍빛의 그리움이 가득한 봄을 담아.

요즈음 아이들은 진달래를 보아도 감동이 없다. 꽃도 꺾지 않고 따서 먹지도 않는다. 내 어린 시절과는 많이 다르다. 그 꽃이 아니라도 장난감도 많이 있고, 먹을 것도 풍족하다. 자연은 사람에게 서서히 밀리고 있는 것이다. 그 시절엔 책과 장난감이 부족해도 자연과 더불어 지냈으며, 꽃을 따서 배고픔을 이기고, 서로의 어울림 속에 지혜를 터득하고 살았다. 진달래 중에 더 고운 꽃잎을 따서 입으로 가져가 씹어보았다. 쌉쌀하고 약간은 단맛과 아린 맛 속에서 어린 시절을 떠올린다.

꽃을 꺾으며 입으로는 연방 꽃잎을 따서 씹어 먹고 하산할 땐 입가에 진하게 진달래꽃 물이 들어 집으로 돌아왔다. 이제 지난날의 모습들은 찾아볼 수 없다. 모두 내 마음속에 고운 추억으로 자리 잡았다.

하산하는 길에는 남산제비꽃이 희게 무리를 지어 피어있었다.

아직도 산허리를 물들인 진달래는 나를 보내기 아쉬운 듯 내 눈길을 놓아주지 않았다.

오래도록 내 마음 한곳에 남아 있을 양성산의 진달래.

노을을 바라보며

퇴근길에 바라보는 서쪽 하늘 오렌지빛 노을이 비단을 펼쳐놓은 듯 곱다. 새악시 수줍은 눈매 같은 초승달, 노을이 물든 하늘에 아기의 맑은 웃음처럼 걸려있다. 실낱처럼 가는 눈썹, 막 단장한 젊은 여인네처럼 고운 모습으로 저녁하늘을 수놓는다.

노을이 곱게 물들면 사람들은 모두 자기 안식처인 집으로 돌아온다. 밭에 나가 일하던 농부도, 푸른 바다에서 고기잡이하던 어부도, 회사에서 하루 종일 피곤에 지친 몸을 이끌고 일하던 가장들도 무엇이 이끄는지 그렇게 돌아온다.

내가 처녀 시절 객지 생활할 때 바라보던 저녁 하늘은 높은 산봉우리에 닿아 있었다. 산이 높아 저녁 해가 산에 기울면 곧 어둠이 밀려왔다. 그때는 노을 구경도 별로 하지 못했다. 노을을 보려면 낮은 들과 산이 있어야 하는데 산이 높은 산촌에서 생활하는 내겐 그런 것들이 아쉬웠다. 그리고 자취방에 돌아오면 간단한 가재도구들과 이부자리만 쓸쓸하게 나를 기다리고 있었다.

퇴근할 때 노을을 바라보며 밀레의 〈저녁만종〉을 생각한다. 두 부부가 일을 마치고 들녘에서 양손을 모아 기도하는 모습이 떠오른다. 하루를 하나님께 감사하며 마무리를 하는 그 모습은 참 아름답다. 마음을 다 비우고 욕심 없이 살아가는 순박한 사람들의 삶 자체이기 때문이다. 지금처럼 메마른 세상엔 그 모습들이 잔잔한 그리움으로 내 마음에 다가온다.

어릴 때에도 나는 노을을 참 좋아했다. 산과들로 뛰어다니며 하루 종일 놀고 집에 들어갈 무렵이면 서쪽 하늘의 빛깔이 너무 고와서 많이 바라보았다. 어느 땐 해가 불덩이처럼 빨개서 무섭기도 했다. 해가 넘어간 산 언저리는 어느 화가도 그릴 수 없는 고운 빛깔로 물들어 있었다. 그런 노을이 어린 내 마음을 설레게 했다.

이렇게 통근차를 타고 가면서 차창으로 초승달과 노을을 바라보면 오래 전에 하늘나라로 가신 친정아버지 생각이 아련하게 피어오른다. 아버지께서는 농사일을 하셨기 때문에 겨울철만 제외하고 주로 들이나 밭에서 생활하셨다. 농기구도 별로 없이 오직 지게를 지고 다니시면서…. 논에 다녀오실 때는 우렁이도 잡아오고, 어느 땐 버섯도 따오고, 진달래가 만개할 때는 진달래를 꺾어서 내게 갖다 주셨다. 내가 어릴 때부터 꽃을 좋아하였기 때문이다. 싸릿가지로 만든 지게 속에는 내가 좋아하는 것들이 가끔 담겨 있었다. 그리고 그것을 아버지께서 지게에 지고 오실 때는 서쪽 하늘이 곱게 물든 때가 많았다.

어린 시절 우리 집은 교회당이 있는 언덕 아래 있었다. 언덕에 올라가면 고운 저녁하늘을 바라볼 수 있어서 참 좋았다. 그래서 그곳에 올라 자주 노을을 바라보았다. 마을에는 저녁연기가 푸르게 퍼지고, 언덕에서 풀을 먹던 어미 소의 울음소리도 노을이 물든 시골마을에 울려 퍼지곤 했다.

지금은 한가하게 서서 노을을 바라볼 수 있는 마음의 여유가 없어진 것이다. 직장 일에 바쁘고, 여기 저기 들어선 높은 건물들로 인해 정서가 많이 메말라 가고 있다. 물질적으로 풍요롭고 아무 걱정이 없어도 왠지 어렵게 살던 시절이 그리워지는 것이다.

지금도 노을을 바라보던 언덕이 그리워진다. 아버지께서는 오래전에 하늘나라로 가셨다. 그러나 내 마음속의 언덕에는 군살이 하나도 없으셨던 아버지가 나를 바라보고 계신다. 늘 하나님께 감사 드리며 긍정적으로 삶을 사셨던 분이다. 어려운 살림을 꾸려 가시며 큰딸인 나를 공부시키느라 이웃들의 비난도 많이 받으셨다. 요즈음 들어 아버지를 생각하면 눈시울이 뜨거워질 때가 있다. 아버지의 덕으로 나는 편안하고 풍요로운 삶을 누리고 있다.

그 고운 노을이 왜 나를 이렇게 잔잔한 서글픔으로 이끌어 가는 것일까? 어린 나이에 하늘나라로 간 남동생, 간암으로 생을 애처럽게 마감하신 아버지, 그리고 내 어린 시절이 담겨있기 때문인가 보다. 아버지를 생각하면 내게 참 자상하셨던 기억으로 남는다. 헌 송판으로 책상도 만들어 주셨고 동양자수 수틀도 만들어 주셨다. 소녀 시절엔 다른 아이들처럼 책상도 시장에서 사온 것이 부러웠고, 수틀도 목재소에서 목수가 만든 것이 갖고 싶었다. 물론 그 당시에 생활이 어려웠기 때문에 그렇게 한 것이었지만…. 세월이 많이 지난 지금 생각하니 그것이 아버지의 사랑이었음이 새삼스럽게 느껴진다. 아버지는 번듯한 책상을 못 사주고 그 책상을 만드시면서 얼마나 마음이 아프셨을까? 내가 부모가 되어 아이들과 어려웠던 시절을 생각하면 가슴이 미어진다. 그래도 아버지는 딸을 위하여 손수 만들어 주시며 최선을 다하신 것이다.

그 책상이 그리워진다. 그 책상에서 나는 젊은 〈베르테르의 슬픔〉, 심훈의 〈상록수〉를 밤이 이슥하도록 읽었다. 흐려져가는 호롱불에 기름을 넣어가면서…. 그 책상이 윗방에 창호지로 바른 창문 아래

놓여졌을 때 얼마나 좋아했는지 모른다. 지금도 그 감격을 잊을 수가 없다. 내가 수놓은 책상보를 깔고, 옆에 들꽃을 꺾어 작은 유리병에 꽂아놓고…. 조금 철이 일찍 들었더라면 그 책상을 소중하게 아버지 유품으로 간직했을 터인데, 너무나 뒤늦게 철이 들었다. 이제는 아무리 생각해도 소용이 없고 아쉬움만 남았다.

오늘도 나는 차창으로 달려드는 노을 속에 마지막 가시면서 내 삶의 보금자리를 마련해주신 아버지를 생각한다. 진달래 꽃다발, 송판으로 만든 책상, 우렁이, 사랑을 가득 담은 지게를 바라본다. 그리고 아버지의 모습이 서린 고운 노을 속으로 빠져든다.

제천
가는 길

모처럼 충북선 열차를 탔다. 30여 년 전에 고향에 오고가며 야간열차를 많이 탔는데….

비단 폭처럼 고운 초록들판, 7월의 들녘은 온통 상큼한 초록빛으로 가득했다. 논두렁과 철길 언덕에 하얗게 핀 개망초꽃은 추억을 곱게 뿌려 놓은 듯 밤하늘의 별처럼 차창을 스치며 지나간다. 얼마만의 기차여행인가? 출장이지만 여행이라고 하고 싶다.

제천은 나와 인연이 깊은 곳이다. 처녀 시절 초등학교 교직생활을 했고, 그곳에서 남편을 만나 결혼도 하였다. 젊은 시절이 고스란히 묻어 있는 셈이다. 가지런히 줄지어 있는 기왓장처럼 묵묵히 보낸 세월들, 신규 발령을 받고 청풍나루터에서 찻배를 탔던 기억은 잊을 수가 없다. 청풍강에서 배 위에 버스가 실려 가는 것을 보고 울며 찾아갔던 초임지. 부모님과 함께 부임지로 갔던 스물두 살의 처녀. 두 분은 이미 하늘나라로 가시고 나만 홀로 쓸쓸하게 남아있다. 내 곁에 남편과 아이들 셋이 함께 생활하는 것이 달라진 것이다.

남편과 맞선을 보고 청주에 계신 부모님께 인사드리러 처음으로 함께 충북선 기차에 올랐다. 기차에 나란히 앉아 많은 이야기를 나누었다. 그는 집안 형편이 어려워 고교시절 객지에서 가정교사하던 이야기, 그리고 때가 지나 학교에 입학한 이야기를 거침없이 고백하였다. 그 당시 차창을 통해 보이는 것은 초록 들판이었다. 그는 그때나 지금이나 솔직하였다. 체면도 아랑곳없이 쭈쭈바를 빨아 먹던 기억이 눈에 선하다.

그 후 우리 아이들이 유치원에 다닐 때 충북선을 타고 제천에 함께 갔었다. 처음 기차를 타고 좋아하던 아이들도 이젠 자라서 청년이 되었다. 빠른 것은 세월뿐이다.

역과 도회지의 모습도 많이 변하였다. 역 앞에 있던 중국집도 어디로 갔는지 보이지 않았다. 가을 호수처럼 맑은 눈을 깜박이던 주인의 딸도 없다. 다만 학교 표지만 그 근처라는 것을 알려주고 있었다. 지금은 기차로 가는 시간도 옛날처럼 3시간씩 걸리지 않았다. 1시간 40분이 걸렸다. 참 많이 좋아졌다. 내가 다녔던 거리들도 현대식 빌딩으로 많이 변했고 도시도 더 밝아졌다. 벌써 내 나이 이순이 다 되었으니.

땅은 그대로 있는데 그곳에 있는 건물들과 나그네인 내 모습만 변한 것이다. 처녀 시절이 언제 다 지나갔는지….

기차역 창구에 토산품 가게가 하나 있었다. 강원도 주천강 다슬기가 큰 양푼에서 꼬물거린다. 다른 사람들 틈에서 한참을 지켜보다 구입했다.

다른 곳 둘러 볼 틈도 없이 12시 40분 기차를 타고 집으로 돌아왔다.

지난날이 무지개처럼 곱게 물든 하루였다.

여름밤

올여름은 다른 해보다 유난히 덥다. 저녁을 먹은 후 남편과 함께 옥상으로 올라갔더니 바람이 제법 시원하게 분다. 서늘한 바람이 이는 옥상은 주택에 사는 사람들에겐 여름밤의 휴식처다. 한낮 뜨거운 햇볕의 온기가 옥상에 가득하다. 가지고 올라간 목침을 베고 자리에 누워 밤하늘을 보았다. 남쪽으로는 보름이 막 지난 달이 둥실 떠 있고, 하늘을 보니 잘 보이지 않던 별들이 하나둘 살아나기 시작했다.

이렇게 더위가 한창인 여름밤이면, 어린 시절 고향집 마당에 모깃불을 피우고 짚으로 만든 까실까실한 멍석을 펴놓았었다. 나는 할머니 옆에 누워 하늘을 바라보며 옛날이야기도 듣고, 까만 가마솥에 삶은 옥수수를 먹으며 더위를 식히곤 하였다. 그럴 땐 모깃불의 매캐한 내음이 산마을 언저리로 퍼지곤 했는데…. 할머니의 이야기를 듣다 잠이 들기도 하고. 지금 생각해보면 참 평화로웠다. 어디에서 이런 마음의 여유를 찾을 수 있을까.

가끔, 그리움으로 남은 지난 시간들을 회상하게 될 때는 어린 시절 초여름 밤이 생각난다. 좋아하던 사람과 부르던 노래는, 여름밤 하늘에 저녁노을과 함께 은은하게 퍼졌다. 잔잔한 연못에 내리는 빗방울의 파문처럼…. 〈아름다운 것들〉, 〈모닥불〉, 〈등대〉, 〈꽃반지 끼고〉, 〈이루어질 수 없는 사랑〉…. 그때 저녁노을이 물든 서쪽 하늘엔 실낱같은 초승달이 웃고 있었다. 우리의 만남을 축하해주는 듯…, 그 순간 나는 세상에서 제일 행복하다고 생각했다. 그러나 그것도 잠시뿐, 그는 내게 그리움을 남기고 멀리 떠나 버렸다. 그 곱던 추억들을 내 마음속에 수채화로 남긴 채.

아직도 마음의 한 언저리에 남은 그 모습들은 잊히지 않고 가끔 그곳을 지날 때면 그와 노래 부르던 잔디밭의 여름밤이 생각난다. 그 짧은 만남이 삼십여 년의 긴 세월이 지난 지금도 생생하게 남아 내 마음을 오랫동안 떠나지 않는 것은 책갈피에 끼워진 가을의 고운 단풍처럼 순결함과 진실이 있었기 때문인가 보다. 이렇게 어수선한 세월 속에 지난날의 아름답던 일들을 추억할 수 있는 것은 아무 욕심이 없었음인가?

세월은 참 빠르게 많이도 흘러갔다. 도심지에서 보는 별은 전등불

빛에 묻혀 한참을 자세히 보아야 보인다. 옥상에만 올라가도 볼 수 있는 별을 왜 안 보며 살아왔는지…. 지나온 세월들을 돌아보니 아련하게 그리워질 뿐이다.

여름밤 별님은 곱기도 하지, 은구슬 금구슬 보석 같아요.
나도 한번 별님이 되어 봤으면, 나도 한번 별님이 되어 봤으면

이렇게 부르던 동요가 생각난다. 유년시절, 교회에서 예배가 끝나고 친구들과 손잡고 집으로 돌아오는 길에 밤하늘을 보며 큰소리로 신나게 부르던 노래. 그러나 지금은 어떤가?

손을 잡고 동무들과 즐겁게 생활하는 공간도 작아지고, 농촌의 도시집중 현상으로 인해 어린 시절에 필요한 좋은 자연이 외면당하고 있다. 한창 자라나는 아이들에겐 참으로 안타까운 일일뿐이다. 그러나 지금도 미래를 생각하고 자녀들을 바로 키우려 하는 사람들은 어려움을 무릅쓰고 농촌으로 돌아가고 있다. 가끔 보도되는 특집에서 산속의 자연과 더불어 살아가는 그들을 보면 어릴 때의 그리움이 담긴 내 모습들이 생각나 신선한 충격을 준다.

나도 작은 별들의 무리 속에 한별이 되어 어두운 세상을 밝히는 빛이 되었으면 좋겠다. 그러나 나 자신 별이 되어 세상의 작은 빛이 될 만큼 그런 인품을 소유한 사람은 못 된다. 이런 마음이 들 때마다

자신을 생각하고 살아온 발자취를 뒤돌아 볼 수 있는 것도 감사할 뿐이다. 요즘 들어 가끔 이런 생각을 하니 철이 들어가는 것인지, 아니면 세월이 가는 것인지….

어린 시절 별을 바라보던 눈빛으로 이 세상을 바라보아야 하겠다.

남편은 어느새 별빛 아래 잠이 들어 숨소리만 들릴 뿐이다. 하늘을 보니 비가 내리려는지 달무리가 은은하게 번져있었다. 그리고 어디론지 달리는 자동차의 소음이 이따금씩 들린다.

봄밤

상현달이 하늘의 중천에 떠있다. 주변엔 자잘한 별무리가 밤하늘에 반짝인다. 도회지 변두리엔 봄밤 개구리 소리가 향수를 부른다.

도심지에서 시골의 정취를 느낄 수 있는 곳이라 고향 잃은 실향민에게 따스한 정을 느끼게 한다.

지금은 도시계획으로 인해 뛰놀던 고향산천은 아파트 속에 스러지고 말았다. 다만 그 주변이라는 눈대중으로의 기억만 아련하다. 저녁을 먹고 마당으로 나오면 바로 텃논이 있었다. 그곳엔 미나리꽝과 어린 모가 한창 키를 키우려 발돋움하던 때였지.

누룽국(밀어서 만든 칼국수)으로 저녁을 먹고 나서 저녁바람을 쏘이며 개구리 소리를 듣는 것은 당시는 시끄럽다고 '이놈의 개구리들

시끄러워 잠도 못 자겠네.' 하며 눈을 붙이다 텃논 언저리에 나와 밤하늘을 보던 사람들이 많이 있었다. 그렇게 한참 울다가 인기척이 나면 잠시 울던 소리를 멈춘다. 잠시 후엔 지휘자도 없는 교향악은 또 시작되고 여름밤은 깊어만 갔다. 그런데 시끄럽던 개구리 소리가 오늘은 왜 정겹게 들려오는 것일까? 그만큼 세월의 흐름에 순응하는 것이 부담스러웠던 것은 아닐까! 그 시절 함께 지내던 가족들은 모두 갈 길을 찾아 가버리고 고향의 언저리에서 들리는 고향 소리는 마음을 애석하게 만든다.

할머니께서는 밭이랑에 심은 강낭콩을 따서 감자와 함께 으깨어 검은 솥에 개떡이라고 쪄 주셨다. 노릇노릇하게 탄 감자와 강낭콩의 어울린 구수한 맛은 잊을 수가 없다. 햇강낭콩과 버무려져 만든 감자떡은 품격으로 따지면 일품이다. 그곳엔 할머니의 사랑과 헌신이 가득 배어 있었기에 정겨움이 더했는지 모른다.

동생들에게 엄마를 빼앗긴 나는 외할머니를 엄마처럼 따랐다. 심지어는 지금 생각하면 말도 안 되는 이야기를 많이 했다. 할머니 하늘나라로 가시면 나도 함께 간다고 눈을 동그랗게 뜨고 이야기했던 기억이 생생하게 남아있다. 그것이 얼마나 무책임하고 철없는 이야기였던지 생각하면 쓴웃음이 절로 난다.

세월이 흐른 탓인지 시끄럽게 들렸던 개구리 소리는 내 삶이 모아

진 덩어리가 되어 내 귓전에 정겨움으로 들린다. 그 소리 속에 고향의 정경과 고향동무, 고향에 살던 일가친척, 모두가 녹아있기 때문이다. 예배가 끝난 후엔 걸음을 멈추어 총총 떠 있는 밤하늘의 별을 바라본다.

개굴개굴.

봄밤을 지새우며 짝을 찾아 우는 개구리는 밤새도록 내 마음을 애잔하게 한다.

회초리

어느덧 원사 옆 은행잎이 초록빛으로 물들기 시작한다. 세월의 흐름을 자연이 변화하는 모습 속에 감지할 수 있다. 운동장엔 아직 집으로 돌아가지 않은 아이들의 재잘거림이 허공 속으로 흩어지고 있다. 나도 저런 유년시절이 있었는데…. 50여 년의 세월이 흘렀지만 그 시절의 기억은 생생하게 마음의 언저리에서 감돌고 있다.

초등학교 1학년 방학이 끝나고 9월 개학이 되었다. 담임선생님께서는 날 부르더니 긴 회초리를 주며 반장을 하라고 했다. 그리고 떠드는 아이들은 그것으로 때리라고 했다. 어린 나는 깜짝 놀랐다. 그러고 보니 어찌된 영문인지 반장을 하던 철영이가 보이지 않았다.

철영이는 우리 학교 교감선생님의 외동딸이었다. 당시 가죽 가방을 메고 다니는 아이는 육십 명 가운데 두 명이었는데 그 중에 하나가 철영이었다. 철영이는 무궁화꽃이 그려진 자주색 가죽가방을 메고 다녔다. 옷도 늘 단정하게 입고 다녀 반 아이들의 부러움을 사던 아이다. 갈색 빛이 도는 머리는 파마를 하여 아주 세련되어 보였다. 그 애는 온몸에 부모의 사랑과 정성이 가득 배어 있었다.

시골 농부의 딸인 내가 그 애보다 공부는 더 잘했는데, 선생님은 그 아이에게 반장을 시켰다. 가정 배경에 내가 밀린 것이다. 어머니도 그런 상황을 다 알고 있었기 때문에 가끔 마음속으로는 속상해 하셨다.

선생님은 철영이가 방학 동안 몹시 아파서 앓다가 죽었다고 했다. 그래서 2학기부터는 부반장이었던 내가 반장을 한다고 친구들에게 알려주었다. 숫기가 없어 부끄러움을 탔지만 반장하라는 말엔 속으로는 기분이 좋았다. 반장의 죽음은 아랑곳없이…. 어린 내게 왜 그런 마음이 들었는지 모르겠다. 아마 사람의 본능이 아닌가 싶다.

교감선생님은 철영이가 죽은 후 가끔 1학년 여자반인 우리 교실을 한번씩 보고 지나갔다. 그때마다 미남이신 교감선생님 눈언저리가 붉은 것을 느낄 수 있었다. 여덟 살인 내가 어른들의 슬픔을 읽었다는 사실이 지금 생각하니 신기하였다. 이듬해 교감선생님은 다른 학교로 전근을 가셨다.

우리 담임선생님은 무서웠다. 지금도 생생한 것은 평범한 사람이면 다 손바닥을 때리는데 선생님은 손등을 때렸다. 청소시간에 선생님이 준 회초리로 장난치는 아이들을 때리는 것은 차마 할 수가 없었다. 싸움 한번 하지 않은 내게 그런 것은 용납되지 않았고 커다란 짐이 되었다. 청소 시간만 되면 나는 고민이 생긴 것이다.

하루는 선생님께 용기를 내어 청소시간에 회초리 들고 다니기 싫다고 하였다. 그리고 선생님 책상 위에 회초리를 갖다 놓았다. 선생님은 그런 모습을 보고 못마땅한 표정으로 말없이 나를 보시는 것 같았다. 나는 다니며 장난치는 아이에게 그렇게 하지 말라고 말로 하였다. 아이들은 철영이가 죽고 나서 내가 반장이 된 것을 생소하게 생각했지만 선생님께서 인정한 것이기에 서서히 익숙해졌다.

그렇게 1학년 시절은 살아가는 동안 가끔씩 돌아보는 마음속의 추억의 일부분이 되었다. 내가 성인이 되어 교편을 잡게 되었을 때 그 시절이 생각나 회초리를 들지 않으려 했다. 한때는 나도 회초리를 들게 되었다. 그러나 이것은 아니다 싶어 교실에 있는 회초리를 눈앞에서 안 보이도록 치워버렸다. 얼마 동안은 좀 불편하였다. 나 자신을 통제해서 조절해야 되기 때문이었다. 그러나 그 습관에 젖어들면서 회초리 없이 아이들과의 생활을 언어로 함께 나누기 시작하였다.

이것은 초등학교 생활을 마감하고 유치원으로 오면서부터였다. 티없이 맑은 웃음 속에 내가 그랬던 것처럼 그 아이들도 아픈 것은 싫어할 것이다.

아직도, 목조건물로 기와만 지붕에 덮여있던 교실, 그 시절 친구들이 생각난다. 무서웠던 선생님, 그러나 용기 없던 내게 힘을 주시려 이끌어 주셨던 선생님, 어린 시절 손에 들려있던 회초리가 내 눈 안으로 밀려든다. 선생님의 작은 얼굴도.

카키색 구두

가을여행

차창으로 달려드는 산천은 온통 가을빛으로 가득했다. 늦가을로 접어든 깊은 산골에는 서리가 내리고, 텔레비전 화면 속의 가을 단풍은 환상에 젖어있는 내 마음을 설레게 했다. 늘 반복되는 생활에 대한 지루함이 변모되는 계절과 함께 가을 단풍 속으로 빠져들고 있었다.

일탈을 하고 싶었다. 어떤 이유로든 연가를 내고 가을여행을 떠나고 싶은 생각에 사로잡혔다. 가끔 카페 홈페이지에 있는 문학기행의 소식은 간간이 나의 마음을 흔들었다. 그 작은 흔들림 속에 빠져들어 많은 날들을 아쉬움으로 보냈다. 그러나 이번 가을만은 한번 울타리를 벗어나 잠자리처럼 푸른 하늘을 마음대로 날아다니고 싶었다.

문우들과 함께 마음에 담긴 이야기도 나누며, 그곳에 가서 위대한 자연을 마음껏 사색해 보고 싶은 생각이 간절하였다. 벌써 내 몸은 고운 단풍으로 가득 차 있었다. 두 눈과 그리고 빈 마음에도.

양심에 가책이 되었으나 연가를 내고 설레는 마음으로 산행 길에 올랐다. 체육관 앞에 도착하니 내소사로 문학기행 가는 버스가 기다리고 있었다. 교수님께서는 깜짝 놀라셨다. 그 이유를 어떻게 설명할 수 있을까? 차 안엔 문우들로 어수선하였다. 용기를 내어 버스를 탔으나 마음은 그리 편치 않았다. 평상시는 말이 별로 없고 성실하였기 때문에 사람들은 상상도 못하는 일을 하고 온 것이다. 동료들이 이 사실을 알면 얼마나 놀랄까? 공직에 있는 사람으로서 있을 수 없는 일인데, 불편한 마음을 달래 가며 그 분위기에 적응하고자 나름대로 노력하였다.

이런 생각을 골똘히 하다 보니 어느덧 목적지에 도착하였다. 숲길을 지나 한참을 걸으니 내소사가 눈 안에 들어왔다. 빛바랜 목조건물엔 기나긴 세월의 흔적이 고스란히 묻어있었다. 물빛 같은 하늘과 빨간 단풍의 어울림은 자연만이 연출할 수 있는 예술작품이었다. 위대한 자연 앞에 어수선했던 마음이 싹 가시는 순간이었다. 꾸밈없이 자연 그대로의 모습을 보는 것은 신비로웠다. 손을 잡고 가던 분과 함께 비단결처럼 곱고 고운 단풍을 배경으로 그 모습을 세월 속의 흔적으로 남겼다. 그리고 빨간 단풍비가 내리는 잔디밭에서 혼자만의 가을도 필름에 담았다. 내소사의 전경이 수려하여 복잡한 생각들은 연기처럼 모두 사라졌다.

내소사의 가을정취에 아쉬움을 남기며 간 곳은 격포항이었다. 충청도 좁은 곳에서 살던 내겐 멀리 수평선이 아련하게 보이는 넓은 바다가 움츠린 마음을 열게 하였다. 바다 물빛은 검푸른 모습으로 출렁이고 있었다. 물을 들여다보는 나를 금방이라도 삼킬 듯이 보였다. 좀 무서운 생각도 들었다. 제주에서 보던 맑은 초록빛 바다와는 전혀 달랐다. 낭만이 가득한 바다에 대한 그리움이 묻어나는 분위기는 아니었다. 이따금씩 뱃머리 주변을 날아가는 갈매기가 바다라는 것을 실감나게 해 주었다. 일몰을 보러 그곳으로 갔다. 기다리는 동안 사람들은 추억을 가득 담아 마시며 나름대로의 흥에 젖어 있었다. 그런데 나는 그 분위기가 못 견디게 괴로웠다. 물에 기름 돌듯이 동화가 잘 안 되었다. 늘 틀 안에서만 생활하였기에 어쩔 수가 없었던 것 같다. 군중 속의 고독을 느끼며 귀가하고 싶은 마음만 간절했다. 일몰을 보며 사색할 수 있는 기회도 모두 귀찮은 생각이 들었다.

그때부터 몸이 춥기 시작하더니 속이 답답하였다. 함께 가신 분이

침으로 따 주었는데도 개운치 않았다. 몹시 괴로워서 견디기가 힘들었다. 심지어는 내가 벌 받는 것이라는 죄책감도 들었다.

차 안에는 온통 분위기가 무르익어 모두가 즐거운 시간을 보내고 있었다. 그와는 달리 나는 빨리 집에 가고픈 생각으로 마음이 불안하였다. 집에 도착하니 거의 10시가 넘었다. 얼굴에 피로가 가득한 채 바로 안방으로 들어갔다. 식구들은 그런 나를 말도 없이 보고만 있었다. 이불을 몇 겹을 덮어도 마구 떨리었다. 그렇게 괴로운 가운데 가을여행의 후유증은 밤새도록 계속되었다.

이튿날 아픈 몸을 이끌고 출근을 하였다. 집안 일은 잘 보았냐는 말씀에 눈도 제대로 못 맞춘 채 작은 소리로 대답하고 교무실로 들어와 안절부절 못하면서 지냈다. 또 신장염이 재발된 것 같았다. 아파도 제대로 말씀도 못 드리고 견딜 수 없어서 조퇴를 하였다. 귀가하여 3일을 물만 먹고 누워서 출근도 못하고 앓았다. 몰래 도전한 가을여행으로는 너무나 가혹한 대가였다. 나는 일탈을 한 자신에 대하여 후회가 엄습해 왔다. 양심을 속여 가며 산다는 것이 얼마나 괴로운 것인지 아직 내겐 생소 한 듯하여 쓴웃음이 절로 났다. 그 못 견딤이 아픔으로 나타나다니, 아무나 한번 해보고 싶다고 해서 하는 것은 큰 모험이라 생각되었다.

안방에 누워 바라보는 하늘은 너무나 새파랬다. 푸른 물감이 내 얼굴로 막 쏟아지는 것 같았다. 빨리 자리를 털고 일어나 일상의 내 모습으로 돌아가고픈 생각만 간절하였다.

책갈피엔 지금도 고운 단풍 속에 환하게 웃는 나의 모습이 숨어있다. 아팠지만 오래도록 잊지 못할 가을여행이었다. 지금도 그때가 그리울 땐 책 속에 숨겨진 내 모습을 펼쳐본다.

아버지와 감나무

마당의 감나무엔 가을빛이 선연鮮姸하다. 잎이 진 가지 사이로 주홍빛 감이 탐스럽게 익었다. 쪽빛 하늘과 어울려 젊은이의 모습처럼 싱그럽다. 잎이 다 지고 알몸만 드러낸 감나무에 달린 빠알간 홍시는 정겨웠던 아버지의 모습 같다.

감나무는 이 집으로 이사 오던 해, 친정아버지가 심어준 작은 나무였다. 오랫동안 가족들과 함께 긴 세월을 보냈다. 이제는 나무둥지도 굵어지고 안방의 창을 모두 덮어버릴 정도로 컸다. 이승에 계셨던 아버지의 사랑이 열매마다 주렁주렁 익어가고 있다.

우리가 이곳으로 이사 온 것이 어느덧 20년이 넘었다. 아버지께서는 늘 유실수를 즐겨 심었다. 새 집을 마련했을 때 감나무 한 그루를 이곳에 심어주었다. 아마 본인의 정을 심은 것 같다.

어렸을 때부터 내가 살던 고향엔 감나무가 여러 그루 있었다. 집 안, 텃밭, 멀리 떨어진 밭둑에도 가을이면 감을 따던 기억이 난다. “이 다음에 네가 시집가서 손자 생기면 외가에서 감을 먹을 수 있게 할 거여.” 하시며 열심히 심었었다. 처음에는 서너 개 달리더니 나중엔 아주 많이 열렸다.

몇 해 전부터 감나무는 도시의 공해로 인해 깍지벌레가 생기기 시작하였다. 처음에는 줄기에 붙어 살더니 익어가는 감에도 침투하여 해마다 그 범위가 넓어졌다. 집안의 터가 넓지 못해 병이 든 감나무를 더 이상 키울 수가 없어서 베기로 했다.

5년 전만 해도 깨끗했던 나무였었다. 그래서 벌레도 안 생기고, 소독도 안하는 것으로 알았다. 그러나 몇 년 전부터 소독을 하고 죽은 가지를 잘라내고 사람의 손이 가기 시작했다. 겨울이면 꼭대기 매달린 까치밥을 먹으러 까치가 와서 울고, 새도 깃들였다. 그 모습을 안방 창을 통하여 다 볼 수 있었는데…. 막상 베려니 서운함이 앞섰다.

남편과 함께 감나무를 베려고 작업복을 입고 앞뜰로 나갔다. 집이 감나무보다 높아 햇빛을 고루 받지 못해, 감나무는 해를 향해 웃자라서 키만 곧게 컸다. 감나무 모습으로는 볼품없이 자라서 아쉬웠다.

감 따는 장대를 가지고 내 손이 닿을 수 있는 곳의 감을 따기 시작했다. 나머지는 남편도 내 손도 닿을 수 없는 높은 곳에 있었다. 남편은 작은 톱을 가지고 와서 감나무에 올라가 자르기 시작하였다. 언제나 일하는 것이 서툴러 내 마음은 불안으로 가득 찼다. 감나무는 다른 나무와 달리 가지가 매우 약해서 자르다 떨어질까 봐 무척 마음이 쓰였다.

꺾여진 감나무에서 잘 익은 감을 땄다. 감의 표피에 흐르는 빛을 본다. 가을날 저물녘의 노을보다 더 짙고 수채화 물감을 확 엎질러 놓은 색보다 투명해서 나를 유혹한다. 손가락으로 붉은색의 한 부분을 건드려본다 피처럼 진한 농도는 아니지만 놀랄 만큼 밝은 선홍빛이다.

남편이 잘라준 가지를 가지고 감을 따기 시작하였다. 벌레 먹은 것, 까치가 먹던 것, 어떤 것은 나무에서 이미 홍시가 되어 시멘트 바닥에 그림을 그렸다. 파란 하늘만큼이나 강렬한 주황빛으로 감은 잘 익었다. 감을 따면서 아버지 생각이 간절하였다. 늘 베풀며 사셨던 아버지의 사랑이….

어머니는 하루에도 몇 번씩 감나무를 바라보시며 홍시를 찾으신다. 감이 참 맛이 있는데…. 우리가 자르는 것이 못마땅하신지 여러 번 말씀을 하신다. 내년부터 감을 수확할 수 없으니 무척 서운하신 것 같다. 변비가 걸리는데도 계속 잡수신다.

행주를 가져와 감을 하나하나 깨끗이 닦았다. 반짝반짝 유리알처럼 빛이 난다. 광주리의 감을 몇 개로 분류를 하였다. 깨끗한 것은 침시를 담그고, 나머지는 자연시를 만들기로 하였다. 상처가 난 것은 깎아서 꼬지에 매달아 연시를 만들고 껍질은 말려 두었다가 마구설기를 할 때 사용하기로 했다.

아버지는 오래전에 이승을 떠나셨다. 그렇지만 감나무는 묵묵히 자라 내게 아버지의 크신 사랑을 전해준다. 산비탈 밭에 복숭아가 처음 익어 수확했을 때에도 마을 사람들에게 집집마다 나누어 주었다. 그리고 마을의 가로등이 고장났을 때도 위험을 무릅쓰고 전봇대에 올라 가로등을 고치셨다. 본인 보다는 남을 위해 사신 분이다. 사람이 사는 것이 무엇인지 가끔 생각해보지만, 정작 나는 아버지 인생의 1/10도 베풀지 못하고 사는 것 같다.

감을 수확하면서 아버지의 마음을 가득히 광주리에 담았다. 이 사랑을 이웃사람들에게 나누어 주어야겠다. 아버지의 맑고 자애로우셨던 영혼은 지금쯤 천국에서 땅에 사는 나를 위해 늘 기도하고 계실 것이다.

광주리 가득한 감 속에 아버지의 얼굴이 어린다. 둥지만 남은 감나무가 서글퍼 보인다. 가을이 깊어지겠지. 자른 감나무에 서리가 내리면…. 홍시가 되면 골목 안의 사람들에게 아버지처럼 그 사랑을 나누어 주어야지.

꽃씨

초록알이 굵어진 은행나무를 바라보고 있었다. 하늘은 구름 한 점 없이 맑고 드높았다.

"원장선생님, 택배 왔어요."

직원이 전해준 것은 작은 소포였다. 도시락 크기만 한 네모진 상자에 쓰인 글씨를 보니 대구에 있는 고운님이 보내온 것이었다. 다른 사람에게 정이 담긴 것을 받으면 마음은 행복해져서 선물의 크기와 상관없이 날개를 단 것처럼 가벼워진다.

택배를 뜯어보니 꽃씨가 호일과 비닐에 싸여 있었다. 물매화, 구름체꽃, 분홍색 백두산바위구절초 그리고 수테에 쌓인 큰방울새난초였다. 날 생각하며 꽃씨를 받아서 보내기까지 얼마나 고운 정성이 깃든 것인지 가슴이 찡해왔다.

그녀와는 4년 전에 인터넷에서 만났다. 깔끔하게 정리된 홈피에 좋아하는 꽃들이 잘 정선되어 있었다. 가끔 들꽃을 주문도 하고, 살아가는 이야기도 나누며 지냈다. 키우는 꽃을 서로 교환하면서 윤기 있는 취미생활을 한 것이다. 가까운 곳이면 몇 번이고 가서 구경을 했을 것이다. 그러나 생활에 매어 망설이고 가지 못했다.

나누는 정은 작은 것이라도 서로 기쁨을 준다. 호일에 싸인 꽃씨를 펼치며 마음이 얼마나 설레었는지……. 요즈음처럼 삭막한 시대에 마음을 나누며 산다는 것이 그렇게 흔한 일은 아니다. 동기간끼리도 다투며 사는데, 혈연이나 지연으로 관련되지 않은 사람들이 끼리끼리 만나 잔잔한 정을 나누는 것은 정말 진귀한 일이다.

지난해 그녀가 있는 들꽃마을에서 하얀 층꽃을 구입하였다. 흰색은 귀하기 때문에 구입한 것을 정성들여 키웠다. 씨앗이 떨어져 여러 포기가 잘 자라주었다. 그곳에는 흰 층꽃이 겨울을 견디지 못하고 죽었다고 하였다. 잘 자란 흰층꽃을 열 포기를 보냈다. 그때 그 마음이 얼마나 기뻤는지 모른다. 내가 가진 것을 남에게 나누어 주는 일이 그렇게 기쁘다는 것을 어린애처럼 다시 새삼스럽게 느꼈다.

메마른 삶에 있어서 같은 곳을 바라보는 일은 촉촉한 단비처럼 우리에게 새 힘을 준다. 여유 없이 시간에 쫓기며 사는 현대인들은 마음이 공허하다고 말한다. 그러나 나는 업무에서 쌓이는 스트레스를 들꽃을 좋아하는 사람들과 함께 정보를 나누며 해소하고 있다.

물매화는 성격이 까다로워 이끼가 있는 곳에서 잘 발아가 된다. 지난해에도 보내준 씨앗을 이끼에 심었더니 봄비를 맞으며 많은 싹이 발아가 되었다. 물매화가 자라기 시작하자 달팽이가 먹었지만 몇 포기가 남아 꽃을 피웠다.

그녀는 물매화가 피기 시작하자 내게 씨앗을 보내려고 긴 날을 기다렸다고 하였다. 씨앗이 영글기를 기다리며 하루하루를 지낸 것이다. 그 기다림 속에 묻은 정은 세월 속에 씨앗과 함께 곱게 영근 것이다.

꽃씨를 다시 한 번 펼쳐보며 그녀의 마음을 그리움으로 그려본다. 내년 봄엔 양지바른 앞뜰에, 그녀의 고운 정을 뿌려 꽃 피울 것을 생각하니 기쁨이 가득해진다.

참나리꽃을 바라보며

초여름이 지나 삼복더위가 다가온다. 지하실로 가는 담장 옆에 참나리 두 포기가 플록스 사이에 곱게 피었다. 어머니는 해마다 참나리꽃이 필 때면 곁에 서서 물끄러미 바라보신다. 이북에 두고 온 고향을 생각하시는지 오늘도 참나리꽃 줄기를 만지신다. 다른 꽃보다 키도 크고 꽃송이가 무거워 땅을 향해 다소곳이 핀 모습이, 늘 겸손하고 등이 굽으신 어머니의 모습 같다.

유복하게 자란 어머니의 살아오신 여정을 생각하면, 어린 시절과는 달리 파란만장하였다. 아버님과 결혼하여 삼남매를 두셨다. 그리고 아버님은 남편이 중학교 갈 무렵 세상을 떠나셨다. 예쁜 딸은 초등학교를 마치고 중병을 앓다 하늘나라로 보내고, 어머니를 가장 사랑했던 둘째 아들은 군의 사단장 전속부관으로 복무 중 사고로 생을 마감했다. 남편(큰아들)만 홀로 남은 것이다. 기나긴 모진 세월을 보내며 그 보이지 않는 애달픔을 어찌 말로 표현할 수가 있으랴. 오로지 하나님께 모든 것을 의지하고 새벽기도를 하루도 거르지 않고 다니신다. 신앙생활로 많은 시련을 극복하고 자신에게 주어진 삶을 열심히 살고 계신다.

참나리는 꽃 중의 여왕처럼 키도 크고 모습도 화려하다. 백합과에 속하는 꽃으로 키는 1미터가 훨씬 넘는다. 여름을 대표하는 꽃이라 해도 과언이 아니다. 잎겨드랑이에 달린 짙은 갈색 주아珠芽가 떨어져 번식하므로, 이듬해 봄이 되면 주아에서 참나리의 작은 싹들이 올라온다. 너무 많이 올라와 그때마다 다 뽑아 버렸다. 어머니는 아깝게 왜 뽑느냐고 서운하신 듯 말씀하셨다.

참나리가 우리 집에 심겨진 것은 벌써 몇 년 전이다. 직원 산행 때 사찰 근처 풀숲에서 꽃을 좋아하는 내게 선배 선생님이 캐어주셨다. 햇빛이 잘 드는 담장 아래 정성들여 심어 놓았다. 몇 년을 기다려도 꽃이 피지 않아 뽑아버리려 하였을 때, 어머니는 나리꽃이 아니냐며 그냥 두라고 말씀하셨다.

몇 해가 지나더니 무더운 여름날 참나리는 큰 키를 올려 주황색 바탕에 검은 점이 박힌 화려한 꽃을 피웠다. 그것을 보고 제일 좋아하는 분은 어머니셨다. 뜰에 나가실 때면 참나리꽃 곁으로 가셨다. 화단에 풀을 뽑고 있는 내게 이북에 있는 고향집 이야기를 하신다. 고향집 장독대 옆에 여름이면 참나리꽃이 많이 피어 있었다고 하셨다. 그리고 어머니의 친정어머님께서 그 꽃을 무척 좋아하셨다고 했다.

실향민의 아픔을 직접 느낄 수 없는 난, 어머니의 애절한 마음도 헤아리지 못하고 그 꽃을 뽑아 버리려 했으니 얼마나 마음속으로 야속하게 생각하셨을까. 지금 생각하니 왜 뽑지 말라고 하셨는지 어렴풋이나마 이해가 간다.

다시 찾아갈 수도 없는 두고 온 북녘 땅이다. 참나리꽃을 바라보며 생사를 알 수 없는 고향의 어머니를 그리워하신 것이다. 부모님 곁을 떠나 혈혈단신孑孑單身 남한으로 시집와서 보낸 한 많은 세월들, 남편, 자식들 먼저 보내며 얼마나 힘드셨을까. 말 못할 사연들을 가슴에 간직한 채……. 그리운 고향을 참나리에서 찾고 싶은 마음을 몰랐던 나 자신이 쑥스러웠다.

결혼하여 처음으로 부엌에서 아침준비를 할 때 부뚜막에 앉아 친정엄마를 생각하며 울던 기억이 새롭다. 정겨웠던 친정어머니도 지난해 저세상으로 가시고 나니 어머니의 외로운 마음을 조금이나마 이해할 수 있다. 오래전에 이산가족상봉 때 찾은 외삼촌, 외숙모 모두 돌아가시고 또 홀로 남으신 것이다. 어머니의 얼굴엔 오랜 세월의 외로움들이 가득 배어있다. 많은 날들이 웃음을 잃으신 것처럼 쓸쓸해 보인다.

방송에서 이산가족이 상봉할 때마다 '나는 왜 안 부르냐'고 하신다. 팔십이 넘으셨지만 고향이 그립고 부모님과 동기간이 그리운 것은 다 함께 살아가며 느끼는 정인가 보다.

내년에는 참나리의 주아珠芽를 담 밑에 많이 심어야겠다. 작은 마음이지만, 어머니께서 그리워하는 고향을 이곳에서라도 느끼게 하고 싶다.

어머님의 정겨운 만남을 위하여. 참나리꽃이 가득 피었던 장독대, 북녘의 그리운 어머니의 고향을 생각하며.

카키색 구두

늦가을로 접어들어 해가 일찍 지니 밤이 참 쉽게 온다. 원거리 통근을 하다 보니 운동할 시간이 없다. 부족한 운동을 보강하기 위해 퇴근할 때 걷기로 했다. 퇴근길에 피곤한 몸을 이끌고 집까지 걸어가는 길은 힘이 든다. 그러나 나와의 싸움으로 생각하며 하루하루를 보낸다. 청주신한은행 앞에서 내려 청주대교를 지나 집으로 가는 길은 30분이 걸린다. 다리 난간에 곱게 핀 꽃을 보며 가는 길은 마음에 쌓인 하루의 피로를 모두 풀어준다. 그리고 사람 사는 모습들을 보며 가기 때문에 지루하지 않다. 이렇게 걷기 위해 신발은 편한 것을 골라 신고 다닌다.

우리 집 현관 입구의 신발장엔 10여 년이 지난 낡은 구두가 여러 켤레 있다. 그 중에 제일 즐겨 신는 것은 카키색 구두다. 카키색 구두는 굽이 낮아 발이 편안하고 디자인이 단순하여 마음에 들기 때문이다. 며칠 전 상가喪家에 문상을 다녀온 후 출근길에 구두를 보았다. 왼쪽의 옆 부분이 찢어져 있었다.

주로 정장을 입고 다니는 내겐 고민이 생겼다. 그 구두와 세트인 옷이 몇 벌 있기 때문이다. 그래도 발이 편하여 며칠 동안 신고 다녔는데 사람들이 구두의 찢어진 곳만 쳐다보는 것 같았다. 상가에서 누가 밟았는지 미운 생각만 들었다. 자꾸 내 눈길이 그곳에 머물렀다. 통근 길에 가끔 들르는 양화점에 수선을 부탁하니 할 수 없다고 하며 이제 그만 버리라고 했다. 어떻게 해야 하나. 구두를 쉽게 버리기엔 안타까운 생각이 들었다. 그동안 발과 정도 들고 편안한 구두인데….

하루 날을 잡아 구입한 곳을 알아보니 몇 달 전에 문을 닫았다고 했다. 주변에 있는 백화점으로 연락을 해 보았다. 마침 매장이 있었다. 찢어진 구두를 들고 갔다. 매장 점원은 수선을 한번 부탁해 본다고 하였다. 며칠이 지난 후 찢어졌던 구두가 새 것처럼 바뀌어 날 기다리고 있었다. 찢어졌던 부분을 어떻게 수선을 잘했는지 새 구두 같았다. 어찌 생각하면 궁상맞은 생각도 들었다. 그러나 내 발에 편안한 신발이 좋았던 것이다.

처음에는 그 매장 신발이 너무 비싸서 구경만 하였다. 어느 날 그곳에서 할인판매를 한다고 했다. 매장에서 보니 모두 높은 굽에 디자인이 복잡했다. 한참을 살피다 사이즈가 작아서 한 모퉁이 맨 아래에 방치된 구두가 눈에 띄었다. 발 중간 부분에 끈이 달린, 내가 생각한 모습의 구두였다.

나는 그 구두를 살펴보았다. 225밀리 내 발에 꼭 맞는 치수였다. 점원은 작아서 제외시켰던 상품을 팔게 되어 무척 기뻐했다. 그리고 상품에 대한 자세한 설명도 친절하게 해 주었다. 집에 가져와 신어보니 고등학교 학생 단화와 비슷했다. 진한 카키색이 한참 유행하던 시대에 제작된 것이라 구두 빛깔도 검정에 가까운 카키색이었다. 마침 카키색 정장이 있어서 저렴한 가격으로 구입하여 참 잘 신었다.

구둣방 점원은 지난번에 수선을 맡길 때 몇 번이고 아주머니처럼 구두를 신으면 자기들은 다 굶어 죽겠다는 농담을 했다. 그런 말을 하는 것도 무리는 아니었다. 구두를 구입하여 신다가 낡으면 몇 번씩이고 수선을 하게 되니 말이다. 창이 낡으면 창을 갈고, 굽의 피에 상처가 나면 굽 피를 갈아 신는다. 세월이 지남에 따라 구두는 낡아간다. 그렇지만 발이 편안해서 그 구두를 자주 신는다. 그렇게 수선해서 신은 지가 꽤 오래되었다.

요즈음은 너무 쉽게 세상이 변하고 있다. 따라서 사람 마음도 수시로 변하고 사용하던 물건도 유행이 지나면 모두 생각도 없이 버린다. 마음에 들지 않으면 신발, 쓰던 물건뿐만이 아니라 심지어는 자식, 남편, 부인 등 가족도 버린다. 새것만 좋은 것이 아닌데…. 조금은 부족하고 모자란 부분들을 채워가고 가꾸어가는 마음이 필요하지 않을까.

구둣솔을 꺼내 수선한 카키색 구두를 윤이 나게 닦는다. 내일은 단풍이 곱게 깔린 가을 길을 걷고 싶다. 늘 곁에 있는 남편처럼 편안한 카키색 구두를 신고.

어머니를 보내며

겨울하늘은 진한 회색빛이다. 눈이 오려는지 나지막이 내려앉았다. 마른 갈대숲 사이로 초겨울의 맑은 개울물이 흐른다. 그 흐름 속에 나는 어머니의 고달팠던 흘러간 세월을 본다.

영구차를 타고 바라보는 겨울들녘은 어머니를 잃은 내 모습처럼 쓸쓸했다. 흐르는 시냇물에 뜨거운 내 눈물도 함께 흐른다. 아버지 가신 후, 긴 날을 거동이 불편한 채 사시며 식구들의 마음을 안타깝게 하셨다.

모두 일터로 나가면 홀로 차려진 식사를 하셨던 어머니! 맏이인 나는 그런 어머니께 잘못한 일들만 눈 속으로, 마음으로 가득 밀리어 온다. 한 달에 한 번 용돈 드리러 가는 그 짧은 순간을 보는 것도 가끔은 귀찮게 생각했다. 그 순간도 허용되지 않아 빨리 집으로 가기를 여러 번 하였다.

두 분 모두 안 계신 이승, 나는 고아가 된 것이다. 그 빈 마음을 어떻게 할 수가 없다. 어찌 생각하면 서운하지만, 차라리 그렇게 가시는 것이 남은 식구들에게 고통을 덜어주고 어머니에게도 더 좋으리라 생각되었다.

아버지와 함께 고이 고향 산에 묻히신 어머니, 이제 쓸쓸하지 않을 것이다. 어릴 때 뛰놀던 마을 뒷산 신선봉이 보이는 산자락을 보며, 남은 자손들을 위해 열심히 기도하실 것이다. 어머니로 인해 형제간에 서로 얼굴 붉히고 마음 언짢은 일 없으리라. 이제 마음의 고향인 '엄마'도 부를 수 없게 되었다. 왜 그리 답답할까? 두 볼에 소리 없이 눈물이 흐른다.

고생 많이 하셨던 회색빛의 여러 날들, 하늘나라로 훨훨 천사의 날개 달고 편안히 가셨다. 내 마음에 평강이 찾아옴은 하나님이 주신 선물이다.

어머니! 천국에서 아버지와 함께 행복하게 계셔요. 리무진을 따라가는 버스 안에서 흐르는 눈물을 흰 손수건으로 닦는다.

11월 끝자락의 산골바람이 창틈으로 들어온다. 하늘은 여전히 회색빛으로 흐리고…….

동전 500원

퇴근길에 시내버스를 기다리고 있었습니다. 할머니 한 분이 오시더니 행선지를 물으며 지갑을 열고 계셨습니다. 한참 동안 살피시며 안절부절못하고 계셨습니다. 옆에서 지갑을 들여다보니 만 원짜리 지폐 두 장과 100원짜리 동전 일곱 닢뿐이었습니다.

할머니는 몇 해 전 돌아가신 친정어머니와 비슷한 연배 같아 보였습니다.

"할머니 연세가 어떻게 되셨어요?"

"일흔여덟이요."

주름살은 많지만 꼿꼿한 허리가 건강하게 보였습니다. 나는 천 원짜리가 없어 500원짜리 동전을 드렸습니다. 할머니는 모자라는 버스비 300원을 뺀 나머지 금액 200원을 돌려주시며 고맙다는 말씀을 하셨습니다. 안 받아도 된다고 거듭 말씀드렸지만 어찌 고집이 세신지 동전을 받고 말았습니다.

할머니께서는 버스에 오르며 고맙다고 몇 번이고 말씀하시더니 버스에 올라 밝은 얼굴로 손을 흔들어 주셨습니다. 할머니의 웃음을 가득 실은 버스가 안보일 때까지 바라보며 서로 손을 흔들었습니다. 오랜만에 마음이 개운했습니다. 서쪽 하늘의 햇살이 할머니가 탄 버스를 곱게 비추고 있었습니다. 동전 500원으로 행복한 하루였습니다.

숲 속
음악회

새벽부터 김밥과 간단한 간식을 준비하여 충주 방면으로 차를 돌렸다. 목적지에 도착하니 면소재지 입구부터 승용차가 한쪽으로 긴 줄을 늘여가고 있었다. 행사장 버스엔 얼굴 한번 안 본 사람들이었지만 말을 하지 않아도 눈으로 표정을 읽을 수 있었다. 산 초입에 이르니 여기 저기 건축 관계로 널브러진 모습들이 피난촌 같았다. 그러나 나름대로 질서는 있었다.

마림바의 〈캐논변주곡〉

하늘 향해 줄지어 있는 낙엽송 숲 사이로 사람들이 모여들었다. 그곳을 행사 측에서는 객석으로 마련하였다. 남편과 함께 선물로 준 돗자리를 깔고 앉았다. 전국에서 모여든 사람들로 북적였으나 지시 없이도 알아서 할 일들을 차분하게 하고 있었다. 마림바의 〈캐논변주곡〉으로 시작된 연주는 어떤 연주보다 더 운치가 있고 아름다웠다. 그것이 자연이 사람에게 주는 진정한 선물인 듯했다. 푸른 나뭇잎 사이로 퍼지는 선율, 어떻게 그것을 글로 표현할 수 있을까? 모처럼 느껴보는 자연과 악기, 그리고 자신과의 환상적인 어울림이었다.

연주회를 여러 번 다니며 보았으나 처음으로 신선한 편안함을 맛볼 수 있었다. 마음에 남은 찌꺼기가 모두 내려가고 맑은 시냇물이 흐르고 있는 듯했다. 내 마음엔.

피아노의 푸른 멜로디

초록빛은 사람의 마음을 평화롭게 만든다. 숲에서 울려 퍼지는 검은 그랜드피아노의 선율은 아침에 내린 이슬방울처럼 영롱하고 산골 도랑물처럼 청아했다. 흰색과 검은색의 건반 위에서 춤을 추는 젊은 연주자의 손가락은 바람에 일렁이는 잔물결처럼 보는 이의 마음을 설레게 했다. 편안하고 감미로운 곡, 피아노를 시인이 시를 쓰듯이, 초여름 초록빛 비단을 깔아 놓은 듯, 부드러운 비단 폭 위를 나풀나풀 나는 나비처럼 그렇게 빛깔 있는 선율로 자연과 어우러져 연주하였다. 내가 연주자가 되어 멜로디 속에 푹 빠지고 말았다.

클래식 기타연주 그리고 로망스

〈로망스〉의 선율과 함께 상수리나무 틈새로 쏟아지는 햇살이 평안하였다. 녹색의 평안함이 눈가에 촉촉하게 이슬 같은 눈물을 흘러내리게 했다. 그 초록빛의 행복 속에 왜 눈물이 나는 것일까? 늘 한국적인 것은 서글픈 것과 관련이 있기에 그러했는지…. 어머니 품안처럼 포근한 낙엽송 숲에서 울리는 클래식 기타의 보이지 않는 매력에 듬뿍 빠지고 말았다. 여섯 줄에서 울려지는 선율은 내게 환상의 나래를 펴게 했다. 젊은 시절, 통기타 그룹이 한창 유행하던 때 클래식 기타를 치던 기억이 새롭게 다가왔다. 기타 치는 사람이면 〈로망스〉를 한번 멋있게 연주하는 것 그것도 커다란 소원 중의 하나였다. 그 소원을 유명한 해외 연주자를 통해 숲 속 자연 무대에서 감상하는 맛은 그 어떤 맛있는 음식이나 화려한 비단옷에 비교할 수 없을 정도로 마음이 넉넉하였다.

기타의 선율은 달빛이 쏟아지는 잔잔한 호수로 날 안내한다. 동양

적 서정과 아름다움에 대한 동경을 고스란히 음악으로 담아내는 연주자의 솜씨는 많은 사람을 사로잡고 말았다.

낙엽송 숲의 오카리나

낙엽송, 갈참나무숲 사이로 오카리나의 애잔한 선율이 흐른다. 실내 건물 안에서 감상하던 느낌과는 모든 것이 달랐다. 자연의 새소리와 함께 그리고 푸른 녹음과 하모니를 이룬다. 한편의 오케스트라로 승화된 모습, 말로는 어찌 표현할 수가 없다. 많이 부족한 생각과 언어로 표현한다는 것이 부끄러울 정도로 연주는 그렇게 훌륭했다. 연주가 진행되는 동안 고운 아침노을과 우울증에 고생하는 여동생의 모습이 스쳐 지나간다. 산속에서 식구들을 그리워하며 얼마나 많은 시간들을 소일해 가고 있을까, 눈가에 이슬이 맺힌다.

숲 속 음악회를 마치고 산을 내려오며 진정한 휴식은 가던 길을 멈추고 잠깐 쉬는 것, 조용한 시간을 가지는 것이라는 말을 되새겨본다 꿈을 가진 자만이 고생할 수 있고 꿈은 나이가 없다고 한다. 아직도 스러지지 않은 꿈에 불을 붙여보자. 싱그러운 숲과 함께 소박한 선율로 맑은 영혼의 소리를 들을 수 있는 유익한 하루였다.

화장

언제부터인가 얼굴에 생긴 잡티는 세월이 갈수록 늘어간다. 가을 낙엽이 퇴색되어 가는 것처럼 그렇게 변하고 있다. 변하는 자신을 보면서 많은 것을 생각하게 된다. 거울 속의 내 얼굴은 윤기도 없고 화장을 하였어도 엷게 보이는 점들은 가려지지 않고 드러난다.

우리 유치원에는 귀여운 아기들이 백여 명이 넘게 생활하고 있다. 날마다 그 고운 얼굴들과 마주하며 즐겁게 지낸다. 해맑은 그들의 얼굴을 보면 구름 한 점 없는 가을 하늘처럼 깨끗하고 봄날의 포근함도 묻어난다. 나도 저런 시절이 있었을 텐데….

고등학교를 졸업하고 사회 초년생이 되었을 때 사람들은 나를 보고 꽃처럼 활짝 핀다는 이야기를 많이 하였다. 화장하지 않은 얼굴은 물에서 씻어낸 토마토처럼 싱싱하고 청순했다. 소녀시절엔 어른들이 화장하는 것이 역겹게 생각되었다. 왜 있는 그대로 다니면 안 되는가? 꼭 화장을 하여 맨얼굴을 변하게 하는지 이해가 되지 않았다. 모두 위선이라고 생각했다. 그래 나는 이 다음에 어른이 되면 절대로 화장을 하지 않겠다고 어린 마음에 몇 번인가 다짐을 하였다. 그리고 화장을 진하게 하고 다니는 사람들은 어딘가 좀 부족한 사람이라고 생각했다. 마음이 텅 비어 지적으로 부족하기에 겉으로 자신을 드러내려는 것이라고 생각했다.

화사한 봄날 대학에 입학한 친구를 보고 나는 깜짝 놀랐다. 내가 몰라 볼 정도로 화장을 진하게 하여 업소에 다니는 사람처럼 모습이 그랬다. 그 후에 다른 사람들이 자꾸 친구에 대한 이야기를 하였다. 다방 여자처럼 하고 다닌다느니, 여러 가지 소문이 들려왔다. 그러나 내 친구는 전혀 그런 것과는 거리가 멀었고 성실하며 완벽에 가까운 아이였다. 진한 화장을 한 친구 보기가 민망하여 나는 고개를 똑바로 들고 쳐다보기가 부끄러웠다.

그렇게 다짐했던 마음은 10년을 넘기지 못하였다. 변하지 않을 줄 알았던 내 마음도 세월 따라 서서히 변해가고 있었다. 직장생활을 처음 하던 이십대 초반, 어머니는 로션과 스킨을 사주셨다. 세수를 하고 그것조차 바르는 것이 나는 이상하게 느껴졌다. 나를 감추는 것 같은 생각이 들었기 때문이었다. 함께 하숙하던 선배님은 색조화장까지 하고 계셨다. 곁에서 지켜보던 내겐 마음의 파문이 일기 시작하였다. 민얼굴인 내게 화장을 하고 다니는 것이 예의라고 자주 충고를 하였다.

하루는 마을에 화장품 판매원이 나를 찾아 왔다. 그리고 색조화장품들을 권하였다. 옆에 있던 선배도 내게 적극 권하여 얼결에 립스틱, 화운데이션을 구입하였다. 호기심에 가득 찬 마음은 얼른 가서 한번 해보고 싶었다. 퇴근하는 발걸음에 가속도를 붙이며 집까지 단숨에 걸어왔다. 거울 앞에 앉아 립스틱을 조심스럽게 입술에 그려보았다. 조금 칠하였는데 진한 것이 역겨워 보였다. 냄새도 나고 빨간 빛깔이 유치해 보였다. 마을 노인들이 입술을 빨갛게 칠한 여자를 보면 화냥기가 있다고 수군거리던 기억이 떠올랐다. 얼른 화장지로 닦아 버리고 말았다. 옆에서 사라고 권한 사람들이 원망스러웠다.

그 후 세월이 많이 흘렀다. 마음으로 저속하게 생각했던 화장은, 보슬비에 옷 젖는 듯 나도 모르는 사이에 그 부분의 한 사람이 되어 있었다. 이젠 민얼굴로는 여러 사람 앞에 나설 수 없을 만큼 자신 없는 그런 얼굴이 된 것 같다.

화장을 아무리 열심히 하여도 잡티는 가려지지 않는 것처럼 일시적인 것은 영원히 존속할 수 없다. 외면보다는 내면을 가꾸는 화장이 필요하지 않을까 생각된다. 얼마나 내면을 충실히 가꾸었는지 돌아보니 씁쓸해진다. 저속하다고 생각했던 것을 비판하던 나도 별수 없는 범인에 지나지 않았다.

거울을 보며 화장을 할 때, 마음속을 거울로 비춰보고 마음을 가꾸는 화장을 해야겠다. 티없이 높고 맑은 하늘처럼 그렇게.

색소폰

'한 떨기 장미꽃이 여기저기 피었네.'

점심을 준비할 때 안방에서 어설프게 색소폰 소리가 들린다. 남편이 부는 〈한 떨기 장미꽃〉이었다. 방문을 열고 무슨 곡인지 제목을 말해 보라 했더니 모르고 있었다. 연습용 악보만 보고 열심히 불고 있다. 왠지 내겐 좀 서글픈 소리로 들렸다. 황혼의 몸부림처럼….

지난해부터 남편은 친구가 운영하는 음악학원에 다니면서 색소폰을 배웠다.

소리가 커서 집안에서 불면 바깥 골목까지 퍼진다. 틈이 날 때마다 열심히 불었다. 그 때문인지 교회 행사 때 연주도중 '삑' 소리가 여러 번 나서 관중들이 크게 웃었지만, 대중 앞에 서는 기회도 가졌다.

남편은 40년이 넘은 공직생활을 7월이면 공로연수로 마감한다. 방송대 중어중문학과에도 편입하고 일주일에 한 번씩 한문공부도 하러 다닌다.

왜 '색소폰' 이 세 단어에 눈물이 맴도는 것인가? 40여 년의 직장생활을 마무리해가는 남편의 모습에 연민의 정이 생긴다. 함께 퇴직을 하게 되면 서로 의지하며 지낼 수 있으련만, 아직 난 3년이란 긴 세월을 눈앞에 두고 있기에 함께 지내기가 불가능하다. 내가 나이가 한 살 줄어 1년이 더 늘어난 셈이다.

그렇게 급한 성격에 아무 말도 할 수 없도록 만드는 가랑잎에 불같은 사람이지만 단순하기가 어린 양 같고 인정도 많은 편이다. 그런 남편이 그래도 자신 있게 연주하는 곡은 〈긴 머리 소녀〉와 〈아내에게 바치는 노래〉이다. 가끔 이 곡을 연습할 때면 표현은 안 하지만 나에 대한 애정이 남아있는 것을 느낀다. 경상도 특유의 표현하지 못하는 습관에 의한 것인지, 거의 일방통행인 생활을 하며 살았기에 그 연주도 무덤덤하게 들린다. 〈긴 머리 소녀〉는 젊은 시절 가사가 마음에 들어 애창하고 일할 때마다 중얼거리던 노래이다. 틈날 때마다 색소폰을 가까이 두고 밤낮 없이 연습을 한다. 주변 사람들이 어떻게 생각할까도 전혀 아랑곳없이…. 그런 부분들이 마음에 들지 않는다. 색소폰 소리는 커서 집 안에서 불기엔 시끄러운 악기다. 연습할 방도 따로 없고 산이나 야외에서 불어야 하는데 악보를 가지고 이동하는 것은 번거로운 듯하여 집에서 자기가 편할 때 불곤 했다.

어느 여름날, 주변 사람들에게 피해가 갈까 염려되어 흥덕사지 숲으로 갔다. 남편은 괜찮다고 하였지만 내 정서로는 마음이 편칠 않았다. 그곳엔 자연의 소리와 관현악을 이루고 있었다. 바람소리, 새 소리, 나뭇잎 흔들리는 소리와 어우러져 환상이었다. 그늘 아래서 악보를 펴고 바람소리를 벗삼아 연습을 하도록 하였다. 나는 산 주변을 돌고, 남편은 악기를 불고, 자연에서 퍼지는 노랫소리는 숲과 어우러져 집에서처럼 소음으로 들리지 않았다. 무엇인가 애상적인 느낌마저 들었다.

퇴직을 앞두고 남편 직장에선 공로퇴임식을 마련해 주었다. 그곳에서 색소폰 연주자를 초청하여 축하 연주순서도 갖고, 그 답례로 남편은 〈긴 머리 소녀〉 〈아내에게 바치는 노래〉를 내게 '수고했다'는 말과 함께 고별연주로 했다. 연주하는 동안 계속 눈물이 흘렀다. 손수건으로 닦으며 멈추려 했지만 생각과는 달랐다.

퇴직하는 사람은 남편인데 왜 눈물이 나는 것인지 야속했다. 그곳에 있는 직원들은 남편이 부는 색소폰 소리에 익숙해져 있었다. 이른 아침과 점심시간에 불었기 때문에 무리 없이 그의 연주를 편안히 감상하였다.

마지막으로 근무하는 직장이었기에 남편은 아쉬움이 있었는지 아침 7시면 출근을 하였다. 대쪽 같은 성격에 처음 보는 사람은 거부감도 많았을 것이다. 불같은 성격이지만 따뜻한 정이 있는 사람냄새가 나는 것을 동료들은 좋아했다. 아무 연고 없이 고향을 떠나 청주에 안착하여 살았다. 학연 · 지연 모두 뒤로하며 홀로서기로 객지에서 버틴 40년의 생활을 생각하니 자꾸 서글퍼졌다.

남들처럼 줄이 있는 것도 아니고 배경도 없이 꿋꿋하게 살아온 세월이었다. 남편은 그 긴 공직생활에 포개진 많은 것들을 색소폰의 멜로디에 한 음 한 음 실어 보내는 것 같았다.

갑자기 출근을 하지 않으므로 남는 시간들을 위해 대비하는 것을 옆에서 보기가 안쓰러웠다. 나 역시 3년 후면 남편과 같은 처지가 될 텐데…. 그래도 남편은 미리미리 준비를 나름대로 해 온 것이다. 나도 서서히 함께 바라보며 지내야겠다. 색소폰 소리를 묵묵히 들으면서….

색소폰 멜로디 속에 남편의 지나간 긴 세월을 그려 본다. 그리고 다가오는 노년老年의 밝은 미래를 꿈꾸며 콧노래로 따라 부른다.

'한 떨기 장미꽃이 여기저기 피었네.'

석곡石斛의 은은한 향기 속에

초롱꽃

날씨가 점점 더워진다. 우리 집 뜰도 초록빛으로 가득하다. 여름꽃이 서로 다투어 피기 시작한다. 노랑, 주황 각색의 나리와 달맞이꽃, 두메양귀비, 초롱꽃, 설란…. 그 중에 담 밑에 다소곳이 핀 초롱꽃 한 포기가 눈안에 들어온다. 흰 꽃에 연한 연둣빛이 서린 초롱의 모습이 고결해 보인다. 여름 하늬바람에 흔들리는 그 모습이 나를 부르고 있다.

언젠가 사진에서 본 모습에 반해 늘 마음속에 그리워하던 꽃이다. 마치 그 자태가 달빛 아래 소복을 한 여인처럼 곱고 다소곳하다. 어느 여름, 그 꽃을 담장 밑에 심어 가꾸기 시작하였다.

어떤 마을에 성을 지키며 시간 맞춰 종을 치는 종지기가 살고 있었다. 이 종지기는 늙은 아버지를 대신하여 싸움터에 나갔다가 부상을 당해 돌아와서 종지기를 하는 착하고 마음씨 고운 사람이었다. 아침, 점심, 저녁 시간은 물론, 성문 닫는 시간도 알려주어 시계처럼 정확한 사람으로 이름이 나 있었다.

세월이 흘러 성주가 죽고 다른 성주가 오게 되었다. 그 성주는 사람들이 자기 말보다 종지기가 치는 종소리에 신뢰를 갖고 규칙적인 생활을 하는 것이 매우 싫었기 때문에 종지기에게 종지기를 그만두라고 명령하였다. 마지막 종을 치던 날 종지기는 종각에서 떨어져 죽고 말았다. 그리고 그 자리에 종처럼 생긴 꽃이 피어났다. 이를 본 사람들은 종지기가 꽃으로 태어났다고 하여 종처럼 생긴 이 꽃을 초롱꽃이라 불렀다 한다.

초롱꽃은 꽃이 핀 후 원줄기는 다 삭아 없어지지만 땅속줄기로 많은 싹들을 번식한다. 그것은 겨울을 보내고 새봄이 되면 1년 동안 개화주로 자란다. 겨울에도 속잎은 조금 남아서 땅에 달라붙어 눈보라의 시련을 이겨낸다. 그 다음해 초롱은 아주 예쁜 꽃을 피워 꽃을 사랑하는 사람들에게 밝은 웃음을 나누어준다.

초롱꽃의 종류는 여러 가지가 있다. 보편적으로 많은 것이 흰색에 가까운 초롱꽃이며, 연분홍빛이 감돌고 포기가 실한 섬초롱, 진한 자주빛의 자주초롱, 금강산에서 처음 발견되었다 하여 금강초롱, 도입

종인 청초롱이 있다.

흰 초롱을 보면 우리 민족의 숨결이 가득 담긴 것 같다. 한편으론 은은한 초롱꽃의 모습엔 외로운 여인의 애절한 기다림이 배어나는 것 같다. 마치 〈사랑손님과 어머니〉에 나오는 옥희 어머니처럼. 한편으로는 하얀 세모시를 입은 여염집 아낙과도 같은 느낌이 들기도 한다.

남편은 근무하던 야영장에서 초롱꽃을 산채하여 두 포기를 가져왔다. 몇 년 동안 집에서 가꾸다 보니 긴 담 밑을 초롱꽃들이 가득 채웠다. 이 많은 초롱꽃을 어떻게 하면 좋을까 생각하던 중 우선 작은 포트에 솎아 낸 것들을 여러 포기 옮겨 심었다. 마침 유치원에 '우리 꽃 심기'를 역점사업으로 추진하던 때라 관내에 분양하고 싶은 마음이 생겼다. 아름다운 모습을 혼자 보는 것보다 많은 사람들에게 나누어 주면 괜찮을 것 같았다.

관내 유치원을 방문할 때마다 교사들에게 초롱꽃 묘를 나누어 주었다. 꽃봉오리가 있는 꽃을 선물로 가지고 갔다. 교사들의 입가엔 가득 미소가 번져 있었다. 한편으로는, 꽃을 받고 '잘 기르지 못하여 죽이면 어떻게 하나.' 하는 염려하는 모습이 얼굴에 역력히 나타나는 이도 있었다. 시간이 지나면서 "우리 원에 주신 꽃이 피었어요. 저희 원의 꽃은 방학 끝난 후 오니 죽었어요. 밖에 심어놓았더니 원줄기는

다 죽고 옆으로 어린 싹들이 올라와요." 많은 소식들이 오갔다. 그 이듬해 유치원에 다시 들러 살펴보니, 많은 원들의 초롱꽃이 간곳없이 사라졌다.

이듬해 초여름, 어느 유치원을 방문할 때 현관 입구에 내가 기르던 초롱꽃의 모습과 같은 초롱꽃을 발견하게 되었다. 그것은 연둣빛이 은은하게 감도는 흰빛에 가까운 초롱꽃이었다. 가녀리게 핀 초롱이 실바람에 하늘거리며 하얀 화분에 정성 들여 심겨져 있었다. 정말 반가웠다. 오랜만에 만나는 친구처럼….

궁금해서 초롱꽃에 대해 물어보았다. 그곳에 계시던 분이 전근을 가셨는데 그것을 잘 관리하라고 하시며 떠나셨다 하신다. 작은 생명을 소중하게 사랑할 줄 아는 세심한 배려에 많은 감동을 받았다. 지나간 내 수고가 헛되지 않았음을 감사했다.

봄에 씨앗을 뿌리면 모두 자라는 것은 아니다. 그 가운데 한 알이라도 싹이 터서 결실을 맺고, 그 씨앗이 다음 세대를 이어간다. 식물은 말과 눈으로 가꾸는 것이 아니라, 부지런한 손과 사랑이 가득 담긴 마음으로 가꾸어 가는 것이다. 물이 필요할 때 물을 주고, 적당한 햇빛과 바람으로 그들이 원하는 것을 적절하게 제공해 줄 때 꽃도 피고 열매도 맺어 한 삶의 과정을 연출해 간다.

내가 초롱꽃을 좋아하는 것은, 초롱꽃은 꽃이 진 자리에도 새순이 돋아나 꽃이 피고, 진 꽃을 잘라주면 가을까지 쉼 없이 피고 지기 때문이다. 우리 민족의 얼이 끊임없이 숨 쉬는 듯한 은근한 멋이 서린 그 꽃을 좋아한다. 지금은 분주한 세월 속에 변해버린 우리들의 모습이 아쉬울 뿐이다.

청초롱, 자주초롱, 섬초롱, 금강초롱, 초롱꽃. 대롱대롱 매달린 꽃봉오리 속에 말없는 나의 세월이 차곡차곡 쌓이고 있다.

데이지

날씨가 많이 풀렸다. 봄꽃도 구경할 겸 화원으로 향했다. 화원은 온통 팬지와 데이지, 프리뮬라로 입구부터 화사했다. 봄기운으로 가득한 그곳은 여러 꽃들로 마치 꽃잔치가 열린 듯했다. 그중에 유난히 작고 하얀 꽃, 데이지에 눈길이 멎었다. 그것을 보니 고등학교 시절에 장미원을 가꾸시던 국어선생님의 모습이 문득 떠올랐다.

그는 총각선생님이었다. 꽃을 좋아하셨는지 과목과는 어울리지 않게 교내 화단관리를 하셨다. 수업이 끝난 후에는 수돗가 옆에 있는 장미원을 늘 돌보셨다. 그리고 학교 빈 터에 풀꽃을 심기도 하셨다. 무서웠던 선생님이셨는데 꽃과 함께 지내는 모습이 의아했다.

하루는 도서관에서 내려오는 길이었는데 그 선생님께서 날 부르셨다. "야, 피구, 이리와." 꽃을 심는데 도와 달라고 했다. '피구'는 선생님이 내 이름을 모르기 때문에 그렇게 부르셨다. 교내 체육대회 때 마지막 남은 피구경기, 상대편 반이 10명 남고 우리 반은 나 혼자였다. 부담스러웠다. 상대팀 선생님이셨던 그 선생님은 삼각패스로 나를 공격하라고 지시하였지만, 나는 내게 오는 공을 모두 받아 10명의 상대팀을 퇴장시켜 우리 반을 승리로 이끌었다. 그래서 그 선생님은 나를 '피구'라고 부르셨던 것이다. 늘 마음속에 두었던 선생님이었기에 속으로는 무척 기쁘고 설레었다. 선생님의 옆에서 물뿌리개를 들고 졸졸 따라다니며 물을 주었다.

그때 심는 꽃을 보니 내가 처음 보는 꽃이었다. '데이지'라고 했다. 선생님은 정성들여 땅을 파고 데이지를 그곳에 넣으시더니 물을 주셨다. 그리고 그 물이 땅속으로 다 스며든 후에야 흙을 덮으셨다. 그러시며 핀 꽃이 시들면 얼른 씨가 생기기 전에 꽃을 따주어야 다음 꽃봉오리가 꽃을 잘 피울 수 있다고 하였다. 선생님은 작업이 다 끝난 후에 남은 데이지를 내게 주셨다.

집으로 돌아와 샘가에 데이지를 심었다. 물을 주고 정성들여 가꾸었더니 하얀 꽃이 피었다. 그때부터 풀꽃 기르는 방법을 알게 되었다. 고등학교 시절이니 벌써 40년의 세월이 흘렀다. 그러나 그 시절은 수채화처럼 생생하게 내 마음에 남아있는 것이다. 별로 잘생기지도 않은 선생님이었는데 꼬집어 말할 수 없는 매력이 있었다.

어느 날 선생님이 서울로 가신다는 소식이 들렸다. 그때부터 내겐 서운한 마음이 가득하였다. 선생님과 헤어지는 것이 싫었기 때문이었다. 이임인사를 하러 교단에 오르셨는데 눈물이 앞을 가리어 아무 말씀도 제대로 못하고 내려오셨다. 교정은 눈물바다가 되었다. 선생님은 몸이 쇠약하여 피대용(당시) 주사를 맞으시며 우리들을 위해 교단에 서셨다고 했다.

아련한 추억이 묻은 데이지를 사온 것이다. 화단을 일구어 그때 본 것처럼 심었다. 선생님을 그리며 흙을 덮었다. 세월이 많이 지난 지금은 어떻게 지내시는지 궁금하기도 했다. 지금쯤 살아계시면 80이 가까워 갈 텐데…. 화단에 심은 꽃은 진분홍빛 흰빛이 어우러져 소녀시절을 곱게 물들이고 있었다.

유럽과 지중해 연안이 원산지인 이 꽃은 '겸손한 아름다움' '숨겨진 사랑' 등 작은 꽃의 모습과 꼭 닮은 꽃말을 가지고 있다. 어느 날, 숲의 축제에서 만난 두 사람, 숲의 님프인 아름다운 베리디스와 과수원신인 베르탈라스는 열렬한 사랑에 빠진다. 그러나 베리디스는 유부녀였다. 유부녀인 그녀는 남편과 베르탈나스의 사이에서 괴로운 나날을 보내며 번민을 하였다. 베리디스는 베르탈라스가 찾아오는 호숫가에서 남편과 그가 살 수 있는 방법을 모색해 보았으나 떠오르지 않았다. 그녀는 호숫가에서 '차라리 꽃이나 되어 괴로움을 벗어났으면' 하는 마음만 간절하였다. 그 후 호숫가를 찾아온 베르탈라스는 그녀가 모습을 바꾼 데이지 한 송이를 발견하게 된다. 그리고 그것을 고이 키웠다는 슬픈 사랑이, 그리스 전설로 전해지고 있다. 작고 보잘것없는 꽃이지만 남성들에게 사랑받는 꽃이라고 한다. 그래서 선생님께서도 이 꽃을 좋아하셨을까?

심어놓은 데이지에 물을 준다. 오월처럼 싱그러웠던 젊은 시절이 그립다. 그때보여주셨던 모습은 꽃을 심을 때마다 해지면 물드는 서쪽 하늘의 노을처럼 여운으로 남는다. 화단에서 시드는 꽃을 따 주며 선생님께서 오래전에 심었던 하얀 데이지를 바라본다.

석곡石斛의 은은한 향기 속에

동쪽으로 향한 하얀 창窓 안으로 겨울햇살이 곱게 드리운다. 가까이 다가가니 석곡의 은은한 향기가 스친다. 오래전에 한 자모님이 작은 석곡 네 촉을 파란 화분에 심어 선물로 주셨다. 나는 그것을 10여 년 가까이 키우면서 이젠 그들과 떨어질 수 없는 끈끈한 정情으로 세월을 엮어가고 있다.

처음에 석곡이란 이름을 접하면서, 꽃과는 좀 어울리지 않는 감을 받았다. 그 향기와 가련한 꽃의 고운 자태에 비해 너무 이름이 투박한 느낌이었기 때문이다.

나는 겨울이 시작되면 밖에 내어놓았던 석곡을 실내로 들여놓는다. 봄부터 가을까지 햇빛, 바람, 비를 맞으며 나름대로 강인하고 건강하게 자란 그들을 거실로 들여놓는 마음은 안타깝기만 하다.

아파트 같으면 베란다가 적절하지만, 주택인 관계로 적당하게 둘 장소가 없어 항상 동쪽 아침햇살이 비치는 창가에 그들의 보금자리를 마련해 준다. 실외에서 들여놓을 때 잎이 진 줄기마다 꽃눈을 달고 꽃이 피기까지를 기다리는 그들을 보면 마음이 막 설레어 온다.

석곡은 잎이 지고 나면 멀뚱하고 밋밋한 줄기만 남는다. 정말 볼품없는 모습으로 그렇게 겨울을 보낸다.

어느 날 외출하였다가 돌아와 보니 촘촘히 달았던 꽃대들이 다 뭉글어지고 주당 한 송이씩만 간신히 살아남아 있었다. 그들은 꽃을 피우기 위해 1년을 기다렸다. 그러나 석곡을 보는 순간 느닷없이 은은한 향기와 고고한 자태를 펼칠 사이도 없이 자신의 삶을 접은 것이 너무나 안타깝고 가련하였다.

내가 석곡의 모습을 처음 본 것은 서울 어느 연수원이었다. 겨울이었는데 잎도 하나도 없는 줄기에 하얀 꽃이 한 송이 피어 그 은은한 향기가 내 마음을 사로잡았다. 밖은 하얀 눈이 내리고 싸늘한 바람이 불었지만, 그곳 실내 창가엔 흰 꽃 한 송이가 고고하고 단아한 모습으로 내 눈길을 끌고 있었다.

그 후, 사십대 후반에 들어서며 가정생활도 거의 안정이 되고, 늘 마음에 생각하고 있었던 석곡을 키우기 시작하였다.

석곡은 꽃이 지고 나면 꽃이 진 줄기 아래에서 신아가 생겨난다. 새 생명이 생기는 것이다. 잎이 다 지고 꽃이 진 그곳에서 돋아난 새촉은, 정말 귀엽고 사랑스럽다. 늦은 봄부터 가을까지 비바람, 햇빛을 받으며 줄기는 굵어지고 싱싱해져 기온이 싸늘해진 늦가을부터 꽃눈을 만든다.

나는 꽃눈이 생기기 시작하면 꽃 필 때를 기다리며 인생을 되돌아본다. 자연의 섭리는 주어진 법칙에 따라 계절에 순응하며 자신의 삶을 엮어간다. 식물은 사계절의 변화에 따라 인생의 여정과 같이 자라고, 꽃을 피우며, 향기를 발하고 새 촉을 만들어 가족들을 늘인다.

나는 석곡을 닮고 싶다. 언제나 묵묵한 모습으로, 넉넉하고 아름답게 진하지 않은 은은한 향기를 나누어주면서 조용하게 지내야겠다. 외로워 보이지만 나름대로의 철학이 있고, 산골 도랑물 같은 맑음을 지니며 살았으면 한다. 세파에 흔들리지 아니하고 뚜렷한 주관을 가지고 남은 인생을 석곡처럼 보내야 하겠다.

석곡의 꽃이 피기 시작하면 새로운 나날은 시작된다. 꽃이 필 때마다 계절이 바뀌고 세월은 흐른다. 서글퍼 눈물 흘리던 시절, 기쁨에 가슴 벅차 마음 설레던 날들, 그 속에 석곡의 향기를 묻히며 주어진 외길 인생을 살아가는 것이 내 삶의 여정이다.

올해도 석곡은 잎이 진 줄기 아래 새 촉을 만들어 새봄을 맞이하고 있다. 한 해의 삶을 빈틈없이 준비하고 마련하는 식물의 모습에서 나는 무엇을 배워야 할 것인가? 고통을 견디어 내며 미래를 준비하는 그들. 하지만 자연의 질서에 어김없이 순응하며 주어진 길을 가는 석곡을 보며, 만물의 영장이라고 하는 사람으로서 많은 것을 생각하게 된다.

연분홍빛 뇌산, 연노랑의 황환, 키가 작은 만월, 자줏빛의 자금성….

말없이 그러나 묵묵히 자신에게 주어진 삶을 차분하게 연출해 가는 석곡들처럼 내 인생길 주어진 여정을 걸어가야겠다.

한 송이 가련하게 핀 석곡의 은은한 향기가 코끝에 스친다.

상수리나무의 가을맞이

퇴근길이었다. 길 옆 잔디 언덕의 주변에 잎사귀들이 어수선하다. 상수리 깍정이가 드문드문 보도블록 위에 구른다. 돌과 도끼로 두드렸는지 나무 중간 줄기에 상처가 나 있다. 사람들의 잔인한 마음들이 흠집을 낸 것이다. 가을 햇살에 흔들리는 상수리나무 잎사귀가 울고 있는 듯했다. 나무 전체의 모습이 머리를 서로 쥐고 싸운 사람처럼 어수선하다. 유독 그 나무만 그랬다. 살펴보니 상수리가 달린 나무였다.

이 계절만 되면 열매 달린 나무들은 수난을 당한다. 사람들은 가을이 되면 등산배낭을 메고 산으로 향한다. 산에는 도토리, 밤, 으름, 여러 열매들이 우리를 기다리고 있다. 요즈음은 사람들이 다람쥐 먹이도 남기지 않고 모조리 가져온다. 언제부터인지 웰빙식품이 대두되면서 자연에서 자라는 것들은 자연스럽게 사람들의 몫이 되고 말았다. 요즈음 산을 오르다 보면 상수리나무 주변에는 잎이 많이 떨어져있고 심지어는 커다란 돌멩이까지 놓여 있다. 아마 그것으로 나무를 사정없이 두드린 것 같다.

어린 시절 우리 마을 뒷산에도 그런 일이 거의 똑같이 벌어졌다. 힘이 센 아이가 돌로 나무를 두드리면 통통 영근 상수리나 밤이 우수수 떨어진다. 주변에서 주로 나는 줍는 역할을 했다. 갈색 빛으로 잘 익은 상수리를 줍는 것은 신이 났다. 그 시절 그렇게 지낸 사람들이 내 또래가 되었으면 그런 일들을 벌일 것이다. 아무 생각 없이 한 일들이 오늘은 상당히 심각하게 다가왔다. 내가 꽃을 키우고 식물을 키우다 보니 그들과 함께 공생하며 아픈 마음도 읽을 수가 있다.

며칠 전에 새 구두를 신은 적이 있다. 좀 딱 맞는 듯하여 수선하여 신었는데 수선한 것이 잘못되었는지 발뒤꿈치 양쪽 부분에 상처가 나고 말았다. 1센티미터 정도 상처가 났는데 도저히 쓰라려서 걸을 수가 없었다. 하는 수 없이 다리를 절뚝이며 눈물이 나는 것을 참고 집에 가서 보니 생살이 벗겨지고 속살이 발갛게 생채기가 나 있다. 며칠이 지나도 그 상처는 쉽게 아물지 않았다.

상수리나무 중간에도 그런 상처가 나 있다. 껍질이 벗겨지고 짓이겨진 모습이 너무나 안쓰러웠다. 내가 아파보니 그 모습이 어찌나 안타까운지 콧잔등이 시큰했다. 그 몸을 두들겨 맞는 순간 얼마나 아팠을까 피할 수 없는 상황에서 고스란히 다 당하고 만 상황이 ….

요즈음은 자신의 출세와 영달榮達을 위해선 수단 방법을 가리지 않고 산다. 상대방을 배려한다거나 기다리는 것은 옛이야기가 된 것 같다. 그것은 어리석은 사람들의 몸짓으로 알고 약삭빠르게 행동하며 자기 것을 챙기면 모든 것은 끝이 난 것처럼 초연하다. 언제부터인지 사회는 당연하다는 듯이 그렇게 서서히 바뀌어가고 있다. 도토리묵을 사 먹으면 되지 나무를 못살게 해가며 도토리를 꼭 주워야 하겠는가?

가을 새벽안개를 가르며 밤을 줍던 기억이 아스라이 수묵화처럼 나타난다.

아카판사스

현관문을 열고 작은 뜰로 내려오면 청보랏빛의 연한 꽃송이가 나를 반긴다. 지난번 미국 여행길에 보았던 꽃으로 노란 원추리와 함께 내 눈에 곱게 물들어 있다. 큰아이가 살고 있는 아파트의 작은 뜰에도 그 꽃이 청초하게 피어있었다. 가는 곳마다 그 꽃이 눈에 들어와 한국이면 한 포기 분양하여 우리 집에 심고 싶은 마음만 간절했다. 언젠가 사직동 약국 앞을 지나오는데 그 꽃을 본 기억이 있었다. 이름을 알 수 없는 꽃이 청보라색이라 좀 특이하다고 생각했던 꽃인데 미국엔 그 꽃이 개인 집 화단은 물론 점포 앞이나 건물 앞 화단에 많이 피어있는 것이 아닌가? 귀국해서도 그 꽃이 잊히질 않는다. 너무 많이 보았기 때문인 듯했다.

야생화 인터넷 쇼핑몰로 한번 가서 찾아보았다. 마침 화면 맨 아래쪽에 청보랏빛의 꽃송이가 보였다. 검색해보니 파란 청색 꽃이 두 포트가 있었다. 그 꽃이었다. '아카판사스'의 이름을 달고 있었다. 한 포트에 만 원씩인데 7,000원씩 해 준다고 하였다. 지난 주말 그 꽃 두 포트를 구입하여 깊은 화분에 심어 놓았더니 꽃이 피고 지고 세월을 엮는다. 한 꽃대에 작은 꽃들이 여러 송이 뭉쳐 피는 것이 군자란과 비슷하다.

내가 그 꽃에 관심을 두고 구입하여 심는 것은 미국에 있는 큰아이 생각에 더 그런 것 같다. 열흘 동안 많이 보았기 때문에 꽃과 함께 기억해 두고 싶다. 꽃을 볼 때마다 '지금쯤 어떤 시간이겠다.' 생각하며 그곳을 떠올린다. 그리고 큰아이를 그려본다. 책과 가재도구들이 여기 저기 있던 방 창을 열면 큰 석류나무에 석류가 곱게 달린 것이 지금도 선명하게 보이는 듯하다. 다른 나라였지만 사는 것이 사람 사는 곳이면 다 비슷한 것 같았다.

책상 옆에 작은 초록색 말랑말랑한 것이 한 쌍 있었다. 귀마개라고 했다. 옆방 아기가 너무 많이 울어서 잠을 이룰 수 없어 준비한 것이라고 했다. 그동안 그 불편함을 견디어 가며 지낸 생각을 하니 마음이 안쓰러웠다. 좀 더 생활비를 넉넉하게 보내 주었으면 그런 불편을 겪지 않아도 되었을 텐데….

그래도 아무 불평 없이 지내는 마음이 대견스러웠다. 맏이라 그런지 마음 씀씀이도 너그럽고 생각도 깊어 내게 믿음을 주는 아이다. 서른한 살인데 아직 독립도 못하고 학업에 열중하고 있다. 집을 떠나 5년 반이란 긴 세월을 미국에 사는 동안 한 번도 가보지 않아 이번 졸업식을 계기로 남편과 함께 다녀온 것이다. 그래도 전화통화와 메일로 안부를 주고받았지만 어떻게 사는지 늘 궁금하였다.

지난 오월 중순 큰아이 졸업식을 앞두고 남편과 함께 그곳을 갔다. 서민아파트에 함께 있는 욕실과 방 한 칸을 얻어 지내고 있었다. 내가 객지 생활하던 때의 방보다는 넓었다. 주방도 안집과 필요하면 같이 쓰고 냉장고도 함께 쓰고 있었다. 내 정서로는 불편할 것 같은데 그 아이는 그것을 별로 중요하게 생각하지 않고 있었다.

이제 반학기 남은 시간이 지나면 직장을 잡아 취업도 해야 하고 결혼도 해야 한다. 여러 가지 과제들이 세월 앞에 던져져 있다. 그 꽃이 지고나면 겨울이 가고 봄이 오면 새싹이 돋겠지. 내년 이맘때 아카판사스가 피면 큰아이는 내게 좋은 소식을 전해 줄 것으로 믿는다.

난대림의 대표적인 꽃 아카판사스 '비밀스런 사랑'이란 꽃말을 지닌 백합화의 꽃, 청보랏빛의 맑은 꽃잎 속에 큰아이의 맑고 넓은 마음이 스며있다. 그 꽃을 아침저녁 바라보며 긴 기다림을 마음에 담는다. 추억이 서린 사랑스런 꽃 '아카판사스.'

풍란을 바라보며

오월의 푸른 바람이 열린 창으로 감미롭게 불어온다. 청아한 하늘이 잔잔한 마음에 가득 담긴다. 피아노 앞에 앉아있는 내게 저녁나절 활짝 핀 박꽃 같은 온유의 웃음이 묻어난다. 뽀얀 살결 속에 숨겨진 생명의 신비가 마음을 사로잡는다. 티 없이 맑은 온유(손녀딸)의 얼굴, 갓 피어난 풍란 같다.

풍란과 인연을 맺은 것은 햇수로는 십여 년이 넘었다. 당시만 해도 풍란이 그렇게 대중화가 되지 않아 애호가들만 소장하고 있었고, 난에 관심이 있는 화원의 진열대 앞에 전시된 것을 보았을 뿐이다.

청에 근무할 때 잘 아는 한 분이 '옥금강'을 주셨다. 잎이 짧고 단단

하며 도톰했다. 마치 포동포동한 아기의 작은 손가락 같았다. 꽃을 좋아하는 내겐 처음 접하는 풍란이었다. 화분과 꽃도 아주 작았다. 그리고 모든 꽃들은 흙에 심는데 그 꽃은 수태에 싸여 있었다. 볼수록 신기하였다.

하루는 휴일에 풍란을 주신 분의 집에 가 보았다. 아파트 베란다가 온통 풍란으로 가득했다. 막 봄이 지나고 초여름이 오고 있을 때 문을 열자 풍기는 냄새는 나를 환상에 젖게 했다. 어찌 그 향기가 그렇게 감미로운지….

그때부터 마음이 기울기 시작했다. 인터넷을 통해 풍란을 구입하고 가끔 열리는 전시회나 회원전에도 빠짐없이 찾아다녔다. 깜짝 놀란 것은 인터넷 쇼핑몰에 나온 풍란의 가격이었다. 그 작은 몸값이 100만 원이 넘는 것도 있었다. 그 중에 입문 품종으로 취화전, 대파청해, 금루각, 이세외계 등 가장 저렴한 것을 구입하여 키우기 시작했다. 풍란은 처음 보기엔 다 똑같이 보였는데 모두 자기 이름을 달고 있었다. 사람에게 모두 이름이 있듯이.

난을 키우다 보니 문제가 생긴 것이다. 꽃 피는 난을 가져다 우리 집에서 키우면 꽃이 피지 않았다. 잎은 초록빛으로 건강하게 잘 자라는데 기다려도 꽃은 피지 않았다. 일 년 내내 초록빛의 작은 잎사귀만 화분에서 그대로 있었다. 그 모습만 지켜보다 3년이 지났다.

그래서 옥금강을 선물로 주신 분께 여쭈어 보았더니 10월에서 11월 초순까지 한 달 가량 난의 화분이 말라도 물을 주지 않아야 다음해에 꽃을 볼 수 있다고 하셨다. 난이 시들까 염려되어 물을 자주 준 것이 화근이 된 것이다. 원하기 전에 모두 해결되니 꽃이 피려는 노력을 하지 않은 것이다. 사람으로 말하면 지나치게 과잉보호를 한 셈이다.

지난해 늦가을 10월 한 달을 풍란에게 물을 주지 않았다. 시들어 말라 가는 그 모습을 보는 것은 가뭄에 농작물을 안타깝게 바라보는 농부의 마음 같았다. 언제 한 달이 지나는가? 기간을 정하고 기다리는 시간은 왜 그리 더디게 가는지…. 그 긴 기다림 속의 한 달은 어느 때보다 훨씬 지루했다.

한 달이 되던 날 큰 함지를 갖다놓고 수태에 싸여 시든 뿌리를 푹 담가주었다. 주름 잡힌 잎들은 다시 주름을 펴고 힘이 없던 뿌리는 다시 통통해져서 생기가 감돌기 시작했다.

그러던 이듬해 신기한 것을 발견하였다. 난 잎 겨드랑이에서 쌀톨만 한 것이 연녹색의 모습을 하고 있는 것이다. 부산에서 오 년 전에 3,000원 주고 구입해온 나도풍란이었다. 꼭, 꽃대 같다는 생각이 들었다. 구입할 때 꽃을 보고 오 년이 넘게 한 번도 보지 못했으니 알 수가 없었지만 짐작으론 꽃대였다. 차츰차츰 자라면서 줄기의 모양이 나타나며 꽃봉오리가 맺힌 것을 눈으로 확인할 수가 있었다.

풍란이 피던 날은 얼마나 마음이 설렜었는지 모른다. 나도풍란이 한창 피어 달콤한 향기를 품기 시작할 때 풍란의 꽃대는 여기저기서 올리기 시작했다. 지난 해만 하더라도 '서출도'와 '성성'만 꽃대를 올렸는데 올해는 많은 풍란에서 꽃대를 올리고 있었다. 서출도와 성성은 물론 '옥금강', '팔중의', '동출도', '어성복륜', '대파청해'….

지난해 고통의 그 긴 세월이 아니었으면 그렇게 많은 꽃대를 올릴 수가 있었을까? 얼마나 물이 먹고 싶었을까? 못 견디다 죽을힘을 다해 이루어낸 것이 꽃눈인가 보다. 시들어 죽음을 각오하며 자신의 분신을 탄생시키는 아픔, 그 고통이 없으면 꽃대도 없이 잎만 무성한 열매 없는 과일나무와 같았을 텐데….

생명이 무엇인지 한 생명을 위해 내 어머니는 열 달 동안 온갖 정성을 들여 나를 낳으셨다. 난도 한 번의 꽃을 피우기 위해 일 년을 시달리며 기나긴 세월을 말없이 보낸다. 공을 많이 들일수록, 기다림이 클수록 그것에서 얻어진 생명은 더욱더 귀하고 소중한 것이다.

풍란은 싫증나지 않는 은은한 향기와 변함없이 사철 푸른 작은 잎, 그리고 애호가들에게 긴 기다림을 갖게 하는 매력적인 꽃이다. 우리네 인생들처럼 시시때때로 변하지 않고 지조와 기품을 지닌 선비처럼 그렇게 살아간다. 너무 쉽게 변하는 세월 속에서 삶의 방향을 안

내해주는 풍란을 바라보며 그 은은한 향기가 전해질 내년을 기다린다.

호박

옥상에 오르니 햇살이 따갑다. 가을빛이 서린 하늘엔 잠자리가 분주하게 난다. 담장 위의 호박잎은 이제 그 생명을 다해 가는 듯하다. 노인의 얼굴에 핀 검버섯처럼 점박이의 모습으로 초췌하다. 초록빛 열매를 마련하고 미처 벌을 만나지 못한 암꽃은 시멘트 바닥에 떨어져 처량한 모습으로 힘없이 시들어 가고 있다. 애처롭다.

지난해 집안에서 나온 풀 무리들을 뒤곁 한곳에 모아둔 적이 있다. 발효시켜 퇴비로 쓰기 위해서였다. 늙은 호박을 먹고 속을 그곳에 버린 후 겨울이 가고 다음해 봄, 호박 싹이 돋아났다. 어린 식물이지만 뽑아 낼 수가 없어 그냥 두었더니 시간이 지나며 호박은 자라기 시작했다. 어머니께서는 지난해 자른 감나무 가지에 호박을 묶어 주셨다. 그것을 타고 담장의 철책 보호대로 뻗어가며 진노란 호박꽃을 피우기 시작했다. 옥상에서 남편과 함께 호박이 맺힌 작은 봉오리들을 살펴보았다. 다른 사람들의 호박넝쿨은 꽃이 피어도 지나치기 일쑤였다. 우리 집에서 자라는 것이라 관심이 더 많았다.

호박꽃은 이른 아침에 피어 저녁이면 시들었다. 하루만 피는 것이 나팔꽃과 비슷하다. 언제 꽃이 피어 호박이 열릴지 아침마다 옥상으로 올라가서 살펴보았다. 초여름이 지나고 가을바람이 살랑살랑 불었다. 윤기 흐르는 동그란 호박이 탐스럽게 열렸다. 두 덩이를 따서 볶아먹고 씨받이 호박으로 하나를 두었더니, 호박 열림이 처음 같지 않고 더디었다. 호박을 직접 길러 따먹기는 처음이어서 신기하고 정감이 갔다.

한편 꽃이 피어 열매를 맺지 못하고 떨어진 것을 보니 너무 애처로웠다. 장가 못간 노총각처럼 안타까웠다. 결실도 못 맺고 최후를 맞은 그 모습이 애석했다. 옥상에서 내려다보니 누렇게 변한 모습이 처연했다.

호박꽃은 주황빛으로 탐스럽게 핀다. 고향의 모습처럼 푸근하다. 아침이면 이 집 저 집 울타리나 낮은 담장에서 새 소식이라도 전하는 듯 산뜻하다.

호박은 잎, 열매, 씨앗 모두 버릴 것이 하나도 없다.

잎은 살짝 데쳐 장에 찍어 쌈을 싸먹고, 어느 땐 잘게 썰어 된장국을 끓이면 구수한 것이 일품이다. 씨앗은 강정 만들 때도 쓰인다.

가난이 함께하던 어린 시절엔 늙은 호박에서 호박씨를 빼어 겨울이면 말리기 어렵기 때문에 아랫목 자리 밑에 넣어서 말렸다. 흙냄새가 나는 그것을 먹을 것이 없던 그때 긴 겨울밤 호롱불 옆에서 까먹던 기억이 아련하다.

어릴 때 할머니는 호박잎에 미꾸라지를 싸서 잿불에 구워준 적이 있다. 당시 농촌에서 영양섭취할 것은 거의 없었다. 늘 밥 먹는 것이 시원찮은 큰손녀에게 할머니께서 마련하신 간식이었다. 아버지께서 논 물꼬를 보러 갔다 오시면 주전자에 미꾸라지를 잡아 왔다. 뼈만 남기고 하얀 속살을 먹던 맛은 잊을 수가 없다. 호박잎을 벗겨가며 김이 모락모락 나는 구운 미꾸라지 살을 발라 먹는 것은 안 먹어 본 사람은 상상할 수도 없다. 싱거우면 왕소금을 발라 먹으며 어린 시절을 그렇게 보낸 때도 있다.

쌍둥이를 낳던 30년 전 1월은 매우 추웠다. 호박 삶은 물을 산모가 마시면 부기가 빠진다고 하였다. 친정어머니는 동글납작한 호박의 윗부분을 오려서 호박 뚜껑을 만드셨다. 속은 모두 파내고 그곳에 꿀을 넣어 큰솥에 중탕을 하였다. 호박 물과 꿀이 녹아서 달큰한 호박 차가 된 것을 지성으로 달여 먹였다. 허약했던 나는 어머니의 간절한 산바라지 덕분에 처녀 때보다 더 건강해졌다.

호박꽃이 주황빛으로 덩굴마다 피는 아침이면, 부지런한 벌은 꽃 속에 꽃가루를 묻히며 호박들을 중매해 주며 다닌다. 짓궂었던 나는 벌이 꿀을 빠는 동안 내 손만 한 호박꽃을 오므려서 탈출하려는 벌을 잡다 손을 쏘인 때도 있다. 벌과 호박은 서로 공생하며 자신의 삶을 지혜롭게 연출해 간다.

삭막한 시대에 꿀벌과 호박처럼 서로 배려해주며 사는 것은 어떨까.

호박 속엔 할머니와 친정어머니의 따뜻한 사랑, 그리고 나의 세월이 공존하고 있다.

도라지꽃

지난여름 시내 외곽에 있는 레스토랑에 갔었다. 주변은 온통 초록빛으로 가득했다. 넓은 창밖으로 분홍빛 연꽃이 핀 저수지는 봄날 복사꽃처럼 화사했다. 저녁 어스름이 막 밀려들고 있었다. 레스토랑에서 연꽃 방죽으로 가는 길에 도라지꽃이 청초하게 피어 있었다. 흰빛과 보랏빛이 어우러진 것이 초록빛 풀숲에서 돋보였다. 할머니의 영상이 곱게 핀 도라지꽃에 아른거리고 있었다.

외할머니는 도라지꽃이 산비탈 밭에 곱게 피었을 때 유명을 달리하셨다. 어머니처럼 내겐 보이지 않는 공기와 같이 옆에 계시던 분이다. '할머니!' 부르면 '나 여기 있어.' 라고 금방 웃으며 대답하시던 모습이 눈에 선하다. 이가 빠져 합죽이처럼 된 할머니였지만 누구보다 더 친근하고 고향처럼 포근하였다. 저녁에 할머니 옆에 누워 할머니의 가슴을 더듬으며 잠을 청했던 시절이 그리워진다.

할머니께서 돌아가시던 여름은 비가 자주 내렸다. 비가 갠 어느 날 산비탈 밭두둑으로 올라가 보았다. 도라지꽃이 청초하게 보랏빛과 흰빛으로 대조를 이루며 피어 있었다. 그 모습이 신비스럽기까지 했다. 씨 받아야 된다는 엄마 말씀도 아랑곳없이 도라지꽃을 한 움큼 꺾었다. 이튿날 아침 실습 나간 곳으로 가지고 갔다. 집에서 가져간 침봉과 수반을 이용하여 사무실에 꽂아 놓았다. 출근하시는 분들의 입가에 환한 미소가 가득 번졌다.

퇴근하여 집에 들르니 할머니가 위독하셨다. 몇 달 동안을 치매로 고생하셨는데…. 할머니 손목을 잡고 있던 나는 희미하게 뛰던 맥박이 끊어짐을 감지하고 할머니의 임종을 맞았다. 왠지 눈물이 나지 않았다. 그렇게 나를 사랑하시던 할머니셨는데 눈물이 안 나오는 이유를 알 수 없었다. 내 손으로 만지고 있던 할머니의 체온이 차츰 싸늘해져가고 발끝과 손끝이 조금씩 굳어지기 시작했다.

할머니 장례식이 있던 날 아버지는 내게 그냥 출근하라고 했다. 그렇게 내리던 장마 속에도 할머니 하관식 때에는 햇빛이 났다. 할머니를 하관하고 집에 돌아오자 비는 다시 내리기 시작했다. 지금 생각하면 왜 그리 철이 없었던지 알 수가 없다. 집에 돌아와 보니 할머니 누워계시던 곳은 텅 비어 있었다.

할머니 영정사진을 만져 보았다. 며칠째 눈물 한 방울 흘리지 않던 내겐 눈물샘이 터졌는지 하염없이 눈물이 쏟아지기 시작했다. 할머니 사진을 골방으로 가지고 가서 품안에 끌어안고 밤새도록 울어도 눈물이 그치지 않았다. 동생이 셋 있어서 한집에 살았지만 나는 늘 할머니를 엄마처럼 의지하고 지냈다. 그런 할머니를 잃은 슬픔은 견디기 힘들었다. 눈이 퉁퉁 부어 사람들 보기가 창피하였다. '얘는 제 할머니 죽었을 때 울지 않더니 왜 뒤늦게 야단이냐.'고 사람들은 이야기하였다.

나는 도라지가 곱게 핀 산비탈 밭으로 갔다. 꽃이 곱게 핀 언덕에 앉으니 온통 할머니의 환상으로 가득했다. 새벽마다 나를 위해 기도해 주신 할머니의 음성이 귀에 쟁쟁했다. '산에 세운 성과 같이 드러나게 하시고 등불이 되고 풋대가 되게 하여 주소서.' 할머니는 하루도 빼놓지 않고 그렇게 기도하셨다. 새벽마다 할머니를 따라다니며 교회에 가서 엎드려 그 기도를 다 들으며 지냈다. 곱게 핀 도라지 밭에 핀 꽃이 내 눈물방울처럼 처연해 보였다.

내 발길 옆에 핀 몇 송이의 도라지꽃은 내 아린 마음을 아는 듯 저녁 어스름을 느긋하게 맞이하고 있었다.

구절초

파아란 하늘에 새털구름이 높이 걸려있다. 가을이 깊어지고 있다. 가을은 하늘이 파랗기 때문인지 가을꽃들도 그 하늘을 닮아 푸른빛이 감도는 것이 많이 있다. 용담, 쑥부쟁이, 해국, 구절초, 모싯대, 잔대…. 저녁 무렵 어느 식당 주변에 청초하게 무리를 지어 피어있는 구절초꽃을 보았다. 그 꽃을 보며 어머니를 생각했고 지금은 바깥출입을 못하시는 애석함에 한동안 멍하니 하늘만 바라보았다.

어린 시절 여름방학 때에는 산을 자주 찾았다. 구절초를 뜯으러 가시는 어머니를 따라가기 위해서였다. 그때만 해도 살기가 어려워 어머니는 구절초를 뜯어서 엮어 말렸다가 겨울에 시골장터를 다니며 파셨다. 그것으로 자식들 용돈도 마련하시고 살림에 보태쓰기도 하셨다. 방학을 하면 어머니와 함께 집에서 30리가 넘는 먼 산으로 아침 일찍 출발하여 걸어서 갔다. 왜 그때는 산이 그리 가고 싶었는지 어머니가 산에 가시는 날이면 내가 먼저 서둘렀다.

산중의 해가 중천에 오면 개울물 소리가 나는 곳을 찾았다. 꿀맛 같은 점심을 먹기 위해서였다. 지금 생각하니 구절초 뜯는 것에는 별 관심이 없었던 것 같았다. 밥이 먹고 싶어 어머니를 조르던 기억만 선명하게 떠오른다. 매미와 산새의 교향악이 어우러지는 그 숲 속은 산속의 콘서트 홀 같았다. 시장기 들 때 먹는 도시락이 얼마나 맛이 있는지…. 흐르는 개울물로 음료수를, 산딸기를 따서 후식으로 먹었다. 그늘에 누워 매미 소리를 듣는 것은 참으로 즐거웠다. 그때부터 나는 자연을 벗삼아 살아가는 지혜를 배웠던 것 같다.

구절초꽃을 가만히 들여다보며 가까이 다가가니 한약 냄새가 내 코끝에 닿는다. 가운데 노란 씨방을 중심으로 하얗게 방사선 모양으로 핀 꽃은 젊은 시절 우리 어머니의 얼굴 같았다. 어머니는 노래를 참 좋아하셨다. 늘 얼굴엔 웃음이 가득하여 환한 보름달 같았다. 호롱불 아래서 뒤꿈치가 뚫린 양말을 꿰매실 때도 자주 노래를 하셨다. 노래하며 웃으시던 어머니의 웃음이 마치 활짝 핀 구절초꽃 같았다. 꽃을 한참 쳐다보니 내 뺨에 눈물이 흐르고 있었다. 그때 어머니의 젊은 시절과 너무나 달라진 현실이 서글픔으로 밀려오기 때문이었다.

구절초는 한방에서 여자에게 유용한 한약재로 오래전부터 사용되었다. 시골에서 태기胎氣가 없는 아낙들에게 겨울이면 시어른들이 약으로 달여 먹였다. 마을 사람들은 음력 9월 9일에 채취한 것이 가장 약 효과가 좋다고 하여 그때에 구절초를 뜯으러 갔다. 여자가 냉하면 안 된다고 어머니는 내가 결혼했을 때 손발이 차다 하시며 구절초를 조청으로 달여 오셨다. 구절초 조청은 매우 썼다. 먹기가 힘들 것을 우려하여 사탕 한 봉지까지 함께 가져오셨다. 시집간 딸의 첫아기가 자연 유산되어 무척 걱정을 많이 하셨기 때문이다. 그런 어머니의 정성 때문인지 그 이듬해 봄엔 태기가 있어서 쌍둥이를 낳았다.

어머니는 여름부터 늦가을까지 구절초를 바람이 잘 통하는 그늘에서 말리셨다. 국회의원 사진이 찍혀있는 한 장짜리 달력에 장이 열리는 날을 동그라미로 표시해 두셨다. 시골 5일장이 열리는 날을 기다리셨다가 팔러 가셨다. 구절초는 겨울 한가할 때 사람들이 찾기 때문이었다. 얼마나 추우셨을까? 추위도 아랑곳없이 자식들을 위해 하루 종일 시장에 계시다 해가 질 무렵 집으로 돌아오셨다. 그것도 어느 땐 하나도 팔지 못하고 그냥 오시는 때도 있었다. 어렵게 생활하시면서 학자금을 마련하여 주셔서 청주 변두리 시골에서 고등학교까지 졸업할 수 있었다. 지금과 같이 안정된 생활을 할 수 있게 버팀목이 되어 주신 것이다.

이런 생각들이 떠오르니 방긋 웃던 구절초의 꽃에 나의 눈물이 배어나고 있었다. 그렇게 고생하신 보람도 없이 지금은 뼈만 앙상하게 남은 초췌하신 모습으로 노후를 보내고 계신다. 마음대로 몸을 추스를 수도 없으시다. 가족들 모두 출근하면 혼자 집 안을 지키신다. 이리저리 제대로 움직이지도 못하신 가운데 안타까운 세월들을 보내고 계신다.

지난여름 휴일에 조카들과 동생 내외가 피서를 간다고 하여 며칠 어머니와 함께 지낸 적이 있다. 어머니는 저쪽에 뱀이 있다며 헛소리를 하셨다. 그래도 내가 누구냐고 물으면 '장원이 에미'라고 말씀하시면서 웃으셨다.

화장실의 진한 냄새를 맡으며 정말 처음으로 어머니 목욕을 시켜드렸다. 처음 해 드리는 것이라 서툴렀다. 진땀을 흘리며 간신히 머리를 말려드리고 옷을 입혀 드렸다. 자식이 되어 직장 생활한다는 핑계로 밖으로만 헤매던 자신이 원망스럽기까지 하였다. 그러니 올케는 얼마나 힘이 들었을까?

구절초를 뜯으시던 젊은 시절의 모습은 다 어디로 갔을까. 쇠잔해진 몸과 마음만 남아 가족들의 걸림돌이 되는 것 같아 마음이 쓰인다. 삶은, 사람 마음대로 할 수 있는 것이 아니라는데…. 모든 것을 자식들에게 다 내어 주고, 새끼에게 살을 다 먹이고 껍질만 물 위에 뜬 우렁이처럼, 어머니의 모습은 허탈하게 남은 시간들을 보내고 계신다.

시간이 다 되었는지 한 분씩 식당 마당으로 들어서기 시작하였다. 화안한 구절초꽃에 어둠이 내리고 있었다. 파란 하늘 아래 핀 구절초, 내년에는 우리 집 뜰에 구절초를 심어놓고 지난 시절을 그려보고 싶다. 그리고 철없었던 어린 시절을 그리워하며, 어머니의 고운 웃음이 가득했던 그 시절을 생각하며….

담쟁이

높고 파아란 가을 하늘이 물감을 풀어놓은 듯 곱다. 개울가 언덕에는 갈대꽃이 피어 가을바람에 하늘거리고, 노랗게 물들어 가는 은행잎, 산마다 고운 단풍의 모습이 가을이 깊어짐을 알려준다.

어느 해 늦가을, 담쟁이가 곱게 우리 집 벽을 수놓았던 날, 서늘한 가을바람을 타고 붉은 단풍꽃을 날리고 있었다.

나는 주말이라 그동안 밀린 빨래를 하고, 아이들과 남편은 화단 정리를 하고 있었다. 한참 동안 빨래를 하다 보니 4부자의 이야기가 뜸해지고 죽은 듯이 조용했다. 어디 다른 곳에 있는지 살펴보니 담쟁이덩굴을 걷고 있는 것이었다. 예쁘게 물든 잎사귀들이 우리 집 보도블록 위에, 그리고 빨간 열매가 달려있는 초록빛 주목朱木 위로 마구 흩어지고 있었다.

"이것 왜 잘랐어요? 이 예쁜 담쟁이를."

남편의 큰 눈은 더 커지고 내 눈치만 살피면서

"지저분해서 잘랐어."

"지저분하다고요?"

"바람 불 때마다 떨어지고 지저분하잖아."

난 어떻게 말을 이을 수가 없었다. 아이 같아야 한 번 쥐어박기라도 하지, 정말 울고 싶도록 속상했다. 그 예쁘고 곱던 담쟁이 잎사귀들이 벽에서 떨어진 것을 생각하면.

내가 이 집으로 이사 오던 해 가을, 고향에 사는 친정 남동생에게 담쟁이를 부탁하여 어렵게 두 포기를 구해 현관 오른쪽 벽 아래 심었다. 담쟁이를 심은 것은 고등학교 시절 오 헨리의 단편 〈마지막 잎새〉를 배우면서 진한 감동을 받았기 때문이다. 무명 화가 베어먼 할아버지의 걸작, 세상을 비관한 소녀 존시에게 삶의 희망을 주려 비바람 치는 날 밤새도록 벽에 그림을 그렸던 '마지막 잎새'가 생각났다. 그리고 밤새도록 정성들여 그린 담쟁이 잎사귀로, 죽어 가는 소녀에게 삶의 용기를 준 장면이 너무나 나의 마음에 애절하면서도 좋은 이미지로 남았다. 그래서 이다음에 내 집을 마련하면 꼭 담쟁이를 심겠다고 다짐했었다. 마침 우리 집은 벽돌집으로 담쟁이를 올리면 운치 있는 좋은 여건을 지니고 있었다.

그런 사연을 지닌 담쟁이는 잘 자라주어 3년 사이에 아래층 벽을 가득 채웠다. 그리고 주황색 기왓장을 타고 2층 창 앞까지 뻗어 올라가 지나가는 사람들의 시선을 끌기도 하였다. 여름엔 푸름으로, 가을에는 꿈결처럼 고운 빛으로 나의 마음을 사로잡았다. 늘 설렘 가운데 아침저녁 출퇴근할 때마다 벽을 쳐다보고 행복한 나날들을 보냈다. 다른 사람들이야 작은 잎사귀보고 그런 감정을 가지는 것을 이상히 여기겠지만, 나는 소녀 시절같이 그런 마음을 지니고 사는 것이 즐거웠다.

그렇게 나의 마음에 곱게 자리한 담쟁이를 남편은 사정없이 자른 것이다. 내년에는 담쟁이를 못 보겠다고 울먹이며 다시 빨래를 하러 들어갔다. 빨래를 다 널고 옥상에서 내려와 담쟁이 베어낸 자리를 살펴보았다. 뿌리 부분만 조금 남은 채 삭막한 모습을 하고 주목朱木 아래 묵묵히 벽을 향해 누워 있었다.

그해 겨울은 유난히 길었고 새봄을 맞으며 담쟁이 싹이 꼭 돋아나기를 애타게 기다렸다. 봄이 한창 익어갈 무렵 지난해 낫으로 벤 담쟁이의 줄기에서 싹이 보이기 시작하였다. 몇 개의 새순이 구불구불한 줄기 사이에서 움트고 있었다. 담쟁이가 죽은 것으로 생각했는데 새순을 보는 순간 정말 기뻤다. 그 애태움 속의 기다림이 이루어진 것이다.

"장원이 아빠 담쟁이 줄기에 새순이 돋아나요. 빨리 나와 보세요."

나는 너무 흥분하여 방에 있는 남편을 불렀다.

"내가 그래서 아주 밑동까지 자르지 않고 조금 남기고 베었잖아."

나는 그때까지 새순은 나뭇가지에서만 나는 것으로 알았고, 뿌리에 가까운 줄기에서는 나지 않는 것으로 알았다. 식물을 기르면서 그런 무지한 면도 있었다. 남편은 그것을 감안하고 덩굴을 벤 것인데…. 남편에게 미안한 생각이 들었다.

그해 담쟁인 여린 새순을 내밀고 쭉쭉 힘차게 벽을 타고 뻗어 올라갔다. 뻗어 올라간 줄기마다 가는 실처럼 생긴 손바닥 같은 것이 벽돌에 꼭 붙어 있었다. 비바람이 몰아쳐도 전혀 움직이지 않은 채 견디어 낸 것이다. 다른 식물 같으면 벌써 줄기가 꺾이거나 뿌리가 뽑혔을 터인데, 생명에 대한 집착이 너무나 끈질겼다. 사람이 떼기 전에는 전혀 꼼짝도 않고 벽에 붙어있었다. 그리고 지난해와 다름없이 초록잎을 물들여 우리 집 벽을 곱게 수놓아 주었다.

가을이 깊어짐에 따라 그 화려하던 담쟁이 잎사귀들은 가을바람에 힘없이 지고 있었다. 내 인생의 여정이 얼마나 주어졌는지는 모르지만 언젠가는 저 잎사귀처럼 생을 마감할 때가 올 텐데…. 마음이 착잡하다. 그러나 뻗어 가는 담쟁이 줄기처럼 남은 생을 좀 더 윤택하고 활기차게 보내고 싶다. 지나온 여정을 살펴보니 너무 앞만 보고 살아와 마음에 남는 것이 하나도 없다. 누구를 특별하게 도와준 적도 별로 없고 오직 나만을 위하여, 내 가족만을 위하여 살아온 것이 부끄러울 뿐이다. 이제 남은 세월이라도 타인을 위하여 살고픈 것이 잔잔한 마음에 일렁이니 뒤늦은 나이에 철이 드는가 보다.

담쟁이의 가을은 그렇게 끈질기고 강인한 생명력과 더불어 내게 긴 기다림을, 자연의 섭리에 인내하며 사는 것을 가르쳐주었다. 올 가을도 우리 집 담쟁이는 고운 잎으로 벽을 수놓아 주겠지.

곱게 물든 담쟁이의 가을을.

천사들의 웃음

천사들의 웃음

우리 유치원에는 100여 명이나 되는 아기천사들이 있다.

그들의 해맑은 웃음을 보면 마음에 쌓였던 피로가 봄눈 녹듯 사라진다. 내 머리엔 세월의 흔적인 흰서리가 드문드문 내리고 있지만, 그들과의 만남은 내게 힘을 주고 쇠잔해진 마음을 다시 촉촉하게 적셔준다.

아침에 출근해 교실을 돌다보면 일찍 온 아기들이 나를 반긴다. 팔을 벌려 그들을 품에 안고 맑은 눈을 쳐다보면 세상살이에 찌든 마음이 평화로워진다.

꽃이 아무리 아름다워도 사람의 작품처럼 아름다운 것은 없다는 말이 실감난다. 하얀 도화지처럼 깨끗한 그들의 웃음은 오월의 푸른 잎새처럼 싱그럽다.

요즈음은 '웃음치료'라는 말을 자주 접하게 된다. 거리의 현수막에서도 웃음치료사 양성과정을 알리는 홍보물을 볼 수 있다. 관리자연수 또는 각 기관에서 웃음치료사를 초빙하여 강의를 들으며 실습도 한다. 병원의 우울증 환자들에게도 적용해 좋은 결과를 얻고 있다고 한다. 놀이치료, 미술치료, 음악치료, 원예치료 등 여러 치료방법이 대두되었지만 웃음치료만큼 자신의 생활에 활력을 주는 것은 없다. 다른 치료방법들은 타인이나 매체를 통하여 치료를 하지만 이것은 본인의 마음먹기에 따라 달라지는 것이라 생각된다.

우리가 웃지 못하는 것은 마음에 걱정과 근심, 세상의 것들로 가득 차 있어서 그런 것은 아닐까. 아이들은 그 마음에 욕심이 없다. 본대로 느끼고 행동하며 솔직하게 살아간다. 그들의 웃음이 맑은 것은 세상과의 삶이 희석되지 않았기 때문이다. 그래서 투명한 것이다.

아기들처럼 마음을 비워보자. 그 마음속에 긍정과 칭찬, 사랑과 평화를 가득 담아 흘러넘치게 가꾸어보자.

말하지 않아도 전해지는 천사들의 웃음을 보며 나도 그들처럼 맑은 웃음을 웃을 수 있는 사람이었으면 좋겠다.

선림仙林의 사계

시월의 높다란 하늘은 파란빛으로 가득하다. 느티나무 가로수의 잎새가 곱게 물들기 시작한다. 노란빛, 빨간빛, 주황빛…. 선림仙林을 떠나온 지 30년이 넘었지만 늦가을 나뭇잎새가 물들고, 감이 익을 때면 그곳 생각이 간절하다. 지금도 꿈을 꾸는 초임지. 그곳에 아름다운 사계가 있었다.

봄

입춘이 지나 남녘에서 꽃소식이 전해진다. 산비탈 양지바른 언덕에는 봄바람에 쑥이 돋아나고 밭에는 냉이들이 봄아가씨를 기다린다. 산으로 올라가는 길옆엔 푸른빛, 고운 봄빛이 감돈다. 코끝으로 달려드는 봄 냄새와 품안을 파고드는 봄바람에 마음을 내어주며 산을 오른다.

이른 봄날 언덕과 들길에는 아지랑이의 향연이 꿈결처럼 펼쳐진다. 밭 언덕을 지나 산에 오르면 마을의 집들이 오순도순 하설산을 배경으로 평화롭게 앉아있다. 가는 길 마른 잔디 사이로 잎도 없는 털이 보송보송한 노루귀가 피어 내 눈길을 끌었다. 흰빛, 분홍빛, 보랏빛의 고운 빛깔로…. 나는 그 꽃을 가리어 꺾어 즐겨 읽는 책 속에 끼워 곱게 말려 앨범에 장식했다. 지금도 그 빛바랜 앨범을 펼치면 외로웠지만 행복했던 젊은 시절, 선림의 봄이 고스란히 묻어난다.

여름

수채화처럼 고왔던 산 빛이 연초록으로 바뀌면 초여름이 시작된다. 선림의 여름은 밤이 되면 산골 특유의 서늘함이 있어 늘 잊히지 않는 곳이기도 하다. 학교 교무실의 창을 열면 시야보다 높게 보이는 하설산, 여름에도 그 골짜기에 가면 얼음골이 있다고 마을 사람들은 그 산을 하설산夏雪山이라 불렀다.

아낙들은 모두 머리에 빨래 함지박을 이고 개울가로 나온다. 그때만 해도19 70년대 초여서 집안에 수도 시설이 없었다. 길게 펼쳐진

마을을 따라 개울이 있었다. 산마을 사람들은 모두 개울에서 나물 씻기, 빨래하기, 밤이면 목욕하기 등 모든 것을 함께 해결하였다. 처음에는 그런 것들이 잘 맞지 않아 소화제를 장복 하고 많은 시간 어려움을 견디며 살아야했다. 그 개울가 빨래터에서는 산골 집집의 소식이 모두 전해지고 편집되어 아주머니들의 즉석 방송이 동시에 이루어졌다.

나는 새벽 4시에 일어난다고 안집 주인어른은 '올빼미'라는 별명을 지어주었다.

저학년을 담임할 때는 아이들과 개울로 나가 물장난도 하고 물고기도 잡았다. 아이들보다 내가 더 재미있었다. 종호의 떠내려가는 고무신을 잡으려다 넘어져 옷을 흠뻑 적셨던 일도 잊을 수 없다.

그리고 개울의 수면 위에 떠 있던 물고기 잡던 추억은 아직도 생생하다. 손전등이 없어 솜방망이의 불을 준비하고 뜰 그물로 물고기를 잡았다. 구경꾼으로 처음 접해보는 것이었지만 여름밤의 깜짝이벤트였다. 돌아오는 길에 밤하늘을 바라보니 별들이 총총 떠 있었다.

가을

눈 안으로 들어오는 하설산이 비단처럼 고와지면 가을이 오고 있는 것이다.

고향에 가지 않는 날 직원들은 산행을 하였다. 흰밥에 무장아찌나 통조림을 배낭에 넣고 아침 일찍 나선다. 단풍 속을 다니며 알밤도 줍고, 가끔 파란 하늘도 한번 바라보고, 밀림 같은 숲속에서 다래와 머루도 따먹었다. 그 맛은 알키하면서도 신맛, 단맛이 섞인 감칠맛이었다.

하산하며 골짜기 도랑 옆에 자리를 잡았다. 석유버너에 불을 지피고 냄비에 고등어 캔을 따서 넣었다. 옆 밭에서 배추도 뽑아 씻어 넣고, 도랑물을 캔 통으로 담아 냄비에 부었다. 어쩐 일일까? 비린 냄새가 개울에 퍼지자 바위틈새에 숨어있던 가재들이 긴 수염을 움직이며 어슬렁어슬렁 밖으로 기어 나오고 있었다. 그렇게 큰 가재는 또 처음 보았다. 함께 간 동료들이 가재를 다섯 마리나 잡아 찌개그릇에 넣었다. 빨갛게 변하는 그 빛깔이 어찌나 먹음직스럽던지 가을 단풍처럼 고왔다. 하늘 아래 산 중턱에서 음미하는 가을은 맑고 투명한 맛이 있었다. 그 맛을 지금도 잊을 수가 없다.

겨울

해가 짧아지기 시작하면 초겨울이 다가온다. 산골은 해가 일찍 지기 때문에 촛불을 켜고 퇴근시간을 기다린다. 그렇게 타향에서의 겨울은 을씨년스럽게 맞이하였다.

멀리 보이는 산자락엔 잎이 진 나무들이 하늘과 맞닿아 있다. 하얀 눈과 함께 다가오는 소리 없는 겨울은 11월 하순부터 시작되면 3월 하순까지 계속된다. 하루 세 번 다니는 시외버스도 눈이 내리면 다니지 않는다. 길이 막혀 큰길에서 걸어오다 눈에 빠지는 일은 그곳에 사는 사람들은 여러 번 겪는 일이다. 나도 허벅지까지 빠지며 울며 걸어오던 30리 길을 잊을 수가 없다.

퇴근하여 연탄불에 밥을 지어먹고 남포등에 불을 밝힌다. 그리고 책과 함께 겨울밤을 보낸다. 학교에 근무하며 내가 번 돈으로 책을 살 수 있다는 것이 참 감사했다. 그 기나긴 겨울밤은 책 읽기엔 너무나 좋은 밤이었다. 호롱불과 함께 했던 독서는 그 시절, 내 빈 마음을 풍요롭게 채워주었다. 가끔 산짐승과 부엉새 우는 소리가 무서워 이불을 돌돌 말고 잠자리에 들기도 했다.

장작불을 지펴 따뜻한 아랫목에 요를 깔고 발을 넣는다. 어머니의 품안처럼 따뜻했다. 긴 밤을 지나 아침이면 소리 없이 하얗게 내린 흰 눈에 반해 산마을의 윤택한 생활을 마음으로 많이 누리고 살았다.

지금도 계절이 바뀔 때마다 선림의 사계가 내 눈언저리와 마음에 가득해진다. 살아가며 늘 그리워하는 나의 초임지.

들꽃 심기

바람 한 점 없는 아침이다. 또 비가 오려는지 후텁지근하다. 현관문을 여니 청초한 들꽃들이 나를 반긴다. 솔나리, 말나리, 하늘나리, 중나리, 장구채, 둥글레, 은방울꽃…. 들꽃엔 내가 다녔던 산과 계곡, 들의 모습이 그리고 긴 여정이 묻어있다. 아침이면 나와 함께 눈맞춤을 하며 말없는 속삭임으로 하루를 시작한다.

농부의 딸로 태어나서인지 다른 사람들이 보면 미련할 정도로 흙 만지기를 좋아한다. 빈 터가 있으면 들꽃을 즐겨 심는다. 우리 집 뜰은 들에 있는 야산처럼 여러 가지 들꽃들이 때를 따라 피고진다. 수선화가 봄부터 피기 시작하면 보랏빛 꽃향유의 향연은 늦가을까지 계속된다. 대문 옆에 있는 라일락에는 으름 씨앗이 떨어져 세월이 지나며 줄기를 휘감고 지난해부터 꽃이 피기 시작하였다. 모든 식물의 터가 되고 근원이 되는 흙을 사랑한다. 때문에 아파트로 가지 않고 주택에서 살고 있다.

오늘은 출근하여 작업복으로 갈아입었다. 며칠 동안 비가 내렸기 때문에 유치원 앞에 있는 꽃밭을 정리하기로 했다. 지난번에 계시던 분이 들꽃을 무척 사랑하셨다. 정년도 얼마 남지 않은 분이 여행 가는 곳마다 한 포기씩 산채한 꽃들을 화단 곳곳에 심어 놓으셨다. 지난해 3월 전근가시며 꽃박사가 와서 안심하고 떠난다는 인사말을 남기고 가셨다. 그 꽃들을 종류별로 모아 심기로 하고 작업을 시작하였다. 벌개미취와 노랑꽃창포는 갈라 심기를 하지 않아 서로 뒤엉켜 빈틈없이 자리를 차지하고 있었다. 어찌나 강하게 뿌리가 엉켜있는지 내 힘으로는 뽑기가 어려워 삽으로 뿌리를 갈라 한곳으로 뽑아 놓았다. 처음에는 한두 포기 심었던 것이 세월이 지나며 여러 포기가 되어 세력이 강해진 것이다. 마치 강한 군단처럼 보였다. 화단의 꽃을 모두 뽑아 분류 하는 데도 많은 시간이 걸렸다.

벌개미취는 벌써 시원한 빛깔로 한두 송이 피어나고 두툼한 꽃망울을 만들었다. 꽃을 심을 때는 옆에 있는 다른 꽃들과의 어울림을 위해 빛깔도 고려해서 심는나. 뜨거운 여름햇살을 머금고 피어나는 화려한 꽃, 범부채, 새파란 가을하늘 아래 진분홍 빛깔로 어린 시절을 그립게 하는 과꽃, 노란 감국, 꽃창포, 보랏빛 층꽃, 샛노란 기린초, 보랏빛 꿀풀, 이렇게 머릿속에 그림을 그리며 열심히 풀을 뽑고 흙을 일구어 정성스레 심고 물을 주었다.

서너 시간을 심고 가르고 흙을 일구며 예쁜 화단을 정리하였다. 계절에 따라 필 꽃을 생각하니 마음이 설렜다.

꽃을 심고 가꿀 때는 아무리 오랜 시간이 흘러도 피곤하지 않다. 내가 좋아하고 하고 싶은 일을 하기 때문이다. 다른 일을 그렇게 하라고 하면 금방 싫증을 냈을 것이다. 아침부터 시작하면 저녁때까지도 할 수 있는 것이 그 일이다. 유치원에서나 집에서 늘 꽃과 함께 생활한다. 좋은 토양일수록 지렁이가 살고 있다. 징그럽기도한데 그런 흙에 심는 꽃들은 잘 자란다. 꽃을 심는 마음은 가장 평안한 가운데에서 하기 때문에 참 행복하다.

들꽃과 함께 생활하게 된 것은 어린 시절부터였다. 우리 집 언저리엔 낮은 야산이 아늑하게 둘러 싸여 있었다. 봄이면 진달래를 꺾으러 온 산을 뛰어다녔다. 문둥이를 산에서 만나면 아이들의 간을 빼먹는다는 소문도 아랑곳없이 좋아서 헤맸다. 예쁜 꽃이 피어있으면 울안에 캐다 심고 정성스럽게 가꾸던 기억이 있다. 산에만 가면 지천인 진달래를 왜 집안에 캐다 심었는지 지금 생각하면 생김과는 다르게 유난스러웠다.

몇 해 전부터 들꽃을 키우기 시작하였다. 화려하진 않지만 청초한 모습이 마음에 들었다. 가는 곳마다 씨앗을 받아서 집과 일터에 뿌린다. 내겐 빈 터만 보이는지 모르겠다.

뻐꾹채꽃과 비슷하여 구분이 잘 가지 않는 엉겅퀴가 유치원에 곱게 피었다. 초등학교 다닐 때 본 그 자주색 꽃은 정말 예뻤다. 줄기에 연한 가시가 돋아나 있어도, 두려움 없이 꺾어서 유리병에 꽂아놓았다. 그 꽃이 필 때면 뻐꾹새는 평화로운 산골에 맑은 노래를 들려주었다. 자연 속에서 자라 들꽃과는 끈끈한 인연이 은연중에 맺어진 것 같다.

오늘도 어린 시절로 돌아가 들꽃을 심었다. 그곳에는 맑은 눈과 깨끗한 마음을 가진 아이들이 있다. 아이들은 기르는 사람에 따라 언어와 표정, 몸짓, 마음씨가 그 사람을 닮아 가기 때문이다. 해바라기가 해를 따라가듯이…. 때로는 나의 부족한 부분을 닮을까봐 걱정이 된다. 그들은 심은 꽃에 날아오는 벌과 나비를 신기하게 바라보며 선한 마음을 가꾸어 간다. 아이들과 함께하는 시간들은 정말 보람이 있는 일이다.

전임지에서도 새 원사에 화단을 만들 때는 매우 힘이 들었다. 진흙땅에 모래와 부엽토를 섞어 봄비 내리던 날 비비추와 맥문동을 심었다. 어느 날 그곳을 지날 때 잠깐 들러보니 네모진 공간을 가득 채웠고, 작은 담쟁이 두 포기는 그 건물 한쪽 벽을 푸르게 장식하였다.

땅은 언제나 거짓이 없다. 사람이 심은 대로 거두는 진실한 삶의 모습을 보여준다. 부모님이 믿고 맡겨주신 아이들, 꽃을 가꾸듯이 사랑스럽게 가꿀 수 있으면 얼마나 좋을까. 있는 그대로를 사랑하면서. 방글방글 웃는 귀여운 아이들의 맑은 웃음이 들꽃 속에 녹아든다.

아이들은 꽃을 참 좋아한다. 그들과 이야기도 함께 나눈다. 시들면 가엾게 여기고 물도 뿌려준다. 친구처럼 지내며 내일의 꿈을 키워간다. 나는 이런 아이들을 위해 깨끗한 마음 밭을 일구고 싶다. 그곳에 아름다운 들꽃을 심고 싶다. 계절에 따라 피고 지는 아이들의 꿈을 키울 터를 마련해 주어야겠다. 그 웃음이 멍들지 않고 곱게 자라 피어나기를 바라는 마음으로 청초한 들꽃을 심는다.

풍금 소리

점심때 학교 식당으로 가는 길이었다. 쓰레기 모아두는 곳에 오르간 한 대가 나와 있었다. 언제부터인가 정보화의 물결, 디지털 피아노에 밀려 어린 시절 추억에 젖어있던 풍금은 서서히 전자제품에게 자리를 내어주고 창고로 이동하고 있다.

지난번에 창고를 정리할 때도 풍금 두 대가 뽀얀 먼지를 잔뜩 이고 있었다. 뚜껑을 열어 건반을 눌러보니 소리가 제법 좋았다. 향수에 젖어 추억이 서린 은은한 소리가 나를 건반으로 잡아끌었다. 초등학교 다닐 때는 전교에 풍금이 한두 대밖에 없었다. 음악시간이면, 먼저 끝난 교실에서 운반하여 교단 앞에 갖다놓고 음악시간을 기다렸다. 음악시간 전에 풍금 운반하러 가는 것이 제일 신이 났다. 그렇게 즐거운 시간은 1주일에 두 번뿐이었다.

내가 초등학교에서 만난 담임선생님들은 음악시간을 한 번도 거르지 않으셨다. 가장 많이 자신이 참여하는 음악 시간만을 간절하게 기다렸던 것 같다. 2학년 때 선생님께서는 청주방송국 어린이 합창단 지도를 하셨는데 무서웠지만 음악수업을 재미있게 해 주셔서, 살면서 음악을 즐기게 된 것 같다.

가을이 깊어져 은행잎이 거리를 노랗게 물들일 때 부르던 〈은행잎〉의 노래는 아직도 내 귀에 쟁쟁하게 들리고 있다.

가을바람 솔솔솔, 불어오더니,
은행잎은 한잎 두잎 물들어져요….

은은한 오르간 반주에 맞추어 푸르던 맑은 노래 그리고 고운 노래였다.

지금은 음악수업도 컴퓨터 사이트에서 마우스 하나로 클릭을 하면서 화면을 따라 노래를 부른다. 그런 수업을 받지 않았던 난 그 광경을 보면서 속이 탄다. 답답하다. 스크린을 바라보며 앉아 노래 부르는 아이들을 보면 마음이 상한다. 한창 운동량이 많은 아이들에게 움직일 수 있는 기회를 주어야 하는데 그렇지 못한 것이 영 아쉬울 따름이다.

옆에 피아노가 있어도 그림의 떡이 된다. 너무나 빠른 정보화의 물결은 사람사이의 관계를 모두 단절시키고 만 것이다.

음악시간을 애타게 기다리며 '오늘은 어떤 노래를 배울까.' 생각하고 오르간을 신나게 여러 명이 힘을 모아 나르던 시절 지나고 보니 참 정겨웠다. 요즈음 아이들은 부모들의 직장생활로 인해 시설로 내어 맡겨지며 많은 시간을 건조하게 보내고 있다. 아련한 그리움의 싹들이 하나, 둘 사라지고 있는 것이다. 참 가련한 생각이 든다.

다시 정겨웠던 풍금 소리가 듣고 싶다.

청풍호반에서

호텔 베란다에 서서 청풍호반을 바라본다.

밤이 지나고 동녘의 밝은 해가 아침을 준비하는 호반 위로 은빛 비늘처럼 부서진다. 뽀얗게 피어오르는 물안개, 감회가 새롭다.

40여 년 전 나는 이 강을 건너기 위해 제천에서 발령장을 받고 덕산행 시외버스를 탔다. 바람에 나부끼는 긴 머릿자락을 날리며, 베이지색 투피스를 입고, 오월처럼 싱그럽게 사회인으로 첫발을 내딛는 날이었다.

교사라는 설렘과 두려움을 안은 채 부모님과 함께 초임지로 향했다. 버스가 나루터에 도착하자 나무로 만든 배(찻배)가 버스 곁으로 다가왔다. 햇볕에 구릿빛 얼굴로 그을린 뱃사공이 노를 저어 강을 건네주었다. 스물두 살의 나이가 되도록 한 번도 집을 떠나보지 않은 내겐 모험이었고 두려움이었다. 순간 사람들은 찻배로 나가 시원한 강바람을 쏘이는 사람도 보였다. 얼마쯤 지나자 배가 건너편 소재지에 도착했고, 내가 탄 버스는 초임지로 향하고 있었다.

그 후 5년을 그곳 산골 학생들과 지내며 내 젊은 꿈을 키웠다. 문명의 혜택이라곤 하나 없었지만 자연을 벗 삼아 펼쳐지는 하루하루는 맑은 기쁨이었다. 글씨 모르는 아이들을 깨우쳐주며 지식을 전달하는 교사라는 매력에 젊음을 송두리째 불사르며 살았다. 청춘을 그곳에서 책과 더불어 산골 사람들과 함께 보낸 셈이다. 그곳을 떠나오며 쏟았던 눈물도 잊을 수가 없다. 교단에 올라 이임인사를 하려다 말문이 막혀 그대로 내려왔던 기억. 눈물샘이 터졌었는지 참 많이 울었다.

잔잔한 호반을 바라본다. 강주변에 모여 있던 촌락은 다 어디 갔을까? 오순도순 이웃과 정겹게 지내던 많은 날들을 물속에 묻고, 오랫동안 정들었던 삶의 터전을 내어준 채…. 청풍호반을 중심으로 둘러싸인 산만 겹겹이 눈 안으로 들어왔다. 처음 산골학교에 부임하던 날, 집을 떠나 혼자 살아갈 생각을 하며 그 강 버스 안에서 나는 얼마나 울었는지, 마치 귀양살이를 떠나는 사람처럼…. 그리고 세월이 지났다. 그 눈물이 밑거름이 되었는지 이젠 차분하게 지난날을 추억하며 지낼 수 있는 나이가 되었다. 가끔 걸려오는 제자들의 전화로 그 시절을 수채화처럼 감상할 때도 있다. 강물 속에 겹겹이 모여 있던 작은 집들이 모두 물속에 잠겨버리고 긴 세월 속에 사연을 묻어둔 채 강물은 더 깊고 푸르다.

산 위에 우뚝 솟은 청풍리조트 락호텔에서 바라보는 청풍호반은 그 많은 세월을 안은 채 말없이 흐르고 있다. 그 앳된 교사는 중년이 되어 희끗희끗한 머리를 날리며 호반의 물결을 바라본다. 관광객을 끌기 위한 호수에 특설무대가 설치되어 있고 놀이 시설과 영화 세트장이 조성되어 있다. 정겹게 살던 사람들은 다 어느 곳에 살고 있는지. 실향민이 떠난 자리에 오늘을 사는 사람들만 자연과 함께하고 있다.

청풍호반를 배경으로 가깝고 멀리 보이는 산, "산이 날 에워싸고 씨나 뿌리며 살아라"한다.라는 어느 시인의 시가 문득 생각난다. 선명하게 보이는 산자락 위로 가을하늘이 새파랗다. 신선이 따로 없다. 신선이 되어 주말 하루를 보내고 싶다.

깊이가 보이지 않는 강물은 유유히 흐르고 하나둘 초임지의 얼굴들이 떠오른다. 종관이, 인숙이, 상수 성현이…. 기나긴 겨울밤이면 자취방으로 찾아와 밤이 깊도록 이야기를 나누던 아이들, 이젠 다 중년이 되어 함께 늙어가며 세월을 보낸다. 그 시절의 꿈은 초록빛으로 싱싱한데 머리엔 하나둘 백발이 내리고 얼굴에 검은 점들이 세월을 수놓는다. 지금도 추운 겨울 손이 터져 따뜻한 난로 불에 물을 데워 손을 닦아주던 종기의 핏기 없던 얼굴도 떠오른다.

오늘도 어김없이 세월은 흐르고 청풍호반의 물안개는 서서히 걷히고 있다.

동백섬의 아침 바다

여명이 걷히고 동쪽 하늘이 붉어진다. 기온은 차갑지만 지난밤의 여운이 채 가시지 않았다. 아침바다는 잔물결을 이루며 마음을 사로잡는다. 동백섬 언덕에서 바다를 바라본다. 물결은 작은 파도를 만들어 바다 소리를 들려준다. 이객異客인 나의 발걸음을 잡으면서…. 동백섬, 그곳엔 애기동백, 흰 동백, 붉은 동백의 모습들이 눈안에 들어온다. 겨울에 꽃을 보니 마음에 작은 파문이 인다. 등대에 서서 먼 바다를 바라본다. 수평선에 가물가물 아침 안개가 자욱하다.

그렇게 그리워한 바다인데 사색할 틈도 없이 아쉬움 속에 시간들이 지나갔다. 쏴아, 쏴아 크지 않은 파도의 물결 소리가 쓸쓸하다.

많은 사람들에게 그리움을 자아내는 바다는 이곳 생활인들에겐 삶의 터전이다. 내겐 그리움이 가득담긴 바다이지만 이곳에 사는 사람들은 파도가 일면 걱정이 태산이리라.

동쪽에 해가 떠오르니 반짝이는 금빛 물결이 바다를 곱게 물들인다. 자연이 연출하는 장관을 본다. 해는 풍랑이 일어도 비가 내려도 그곳에서 묵묵히 뜨고, 지고, 세월을 엮어간다. 부지런한 갈매기는 선박에서 날갯짓을 하며 하루를 시작한다. 유년시절에는 〈섬집 아기〉를 뜻도 모르고 불렀다. 가사 절절이 서글픔이 밀려온다.

바다 가운데 여기저기 정박한 고깃배는 살기 위한 몸부림으로 내 눈으로 다가온다. 바다에게 남편을 잃은 여인네, 어린 자식들, 원망할 수 없는 그곳이지만 떠날 수 없어 그곳에 산다. 동백섬 산책로는 키가 큰 해송이 바다를 향해 묵묵히 버티고 있다. 시원한 물줄기를 들어내며 상큼한 바닷바람을 마음속까지 실어다 준다.

붉은 동백꽃 잎을 바라본다. 해송海松 사이로 부는 바람을 맞아본다. 갯냄새와 함께 상큼하다. 산책로 가장자리 산비탈에 걸린 송악이 운치가 있다. 동백섬, 붉게 물든 아침노을이 분주하게 살아가는 세상사에 물든 마음을 씻어준다. 동백섬의 아침 바다엔 붉은 노을이 발걸음을 멈추게 한다. 바다를 동경하던 마음 다 어디로 갔는지, 먼 수평선 너머로 사라지는 추억들. 하루를 시작하는 갈매기의 날갯짓에 촉촉해진 나그네의 눈길을 보낸다.

앞바다를 떠나는 뱃머리에 삶이 담긴 노래가 실려간다.

꽃피는 동백섬에 봄이 왔건만,

형제 떠난 부산항에 갈매기만 슬피 우네….

꽃할머니

네모난 유리창 밖에 노란 산수유가 곱게 피었다. 살랑살랑 봄바람이 작은 가지를 흔든다. 사무실 안은 춥지만 벌써 계절은 봄소식을 전해준다. 며칠 전엔 유치원 울타리 주변을 걷다 작은 봄까치꽃을 보았다. 앙증스러운 모습이 정겨웠다.

주말 아침 출근시간에 유치원 입구에서 할머니 한 분을 만났다. 썩은 나무둥지를 안고 계셨다. 길이 지저분해서 가지고 간다 하시며 천천히 발걸음을 옮기셨다.

"할머니 안녕하세요? 유치원에 3월 초에 왔습니다." 할머니는 인사를 받으시더니 낡은 기와집 있는 쪽으로 총총 걸어가셨다.

내가 이곳에 부임했을 때 직원이 몇 가지 이야기를 전해주었다.

그 중에 '꽃할머니'라는 말이 가장 선명하게 남았다. 그 할머니는 우리 유치원이 생기면서 오랜 시간을 유치원 주변에 꽃을 심어주시고 가꾸어 주시며 관리를 해주셨다고 했다. 그렇게 전해 들은 말이 있어 그분이 '꽃할머니'라는 짐작을 쉽게 할 수 있었다.

이곳 소재지는 청주시지만 도심 속에서 고향을 느낄 수 있는 조용하고 정겨운 곳이다. 새로 부임해왔다고 사무실을 몇 분이 방문하셨다. 삭막한 요즈음이지만 그래도 사람 사는 정이 남아 있는 곳인 듯했다.

지난 3월 중순 다리가 불편한 할머니 한 분이 교문에서 무거운 짐을 들고 계셨다. 꽃할머니였다. 창밖을 보니 할머니께서 딸기를 사 오셨는지 직원이 뛰어가서 가서 받아 왔다. 그분과 함께 내가 근무하는 방에서 따끈한 차 한 잔을 마시며 세상 사는 이야기를 나누었다. 할머니는 처음 보는 내게 "원장님 이곳에 오래 지셔요(계셔요)"라는 말씀을 하시며 살아온 지난 시절의 이야기를 하셨다. 서른여섯에 혼자되어 청소부를 다니며 사남매를 당당하게 키워 지금은 다 자립하여 살고 있다고 하시는 할머니의 눈가에 이슬이 맺혔다.

하루는 유치원을 순회하고 있을 때 할머니께서 울타리 너머로 나를 부르셨다. 검은 비닐봉지를 주셨는데 무거웠다. 서리태였다. 할머니는 다른 사람들 본다고 담 너머로 서리태를 건네 주셨다. 친정어머니께서 돌아가신 지 벌써 4년이 넘어 모정母情을 잃고 있었는데…. 갑자기 잔잔한 정을 주신 할머니의 사랑에 가슴이 후끈하고 눈시울이 뜨거워졌다. 서리태를 받아들고 사무실에 와서 어머니 생각에 눈시울을 적신 때도 있다.

옆에 계신 할머니 손등을 만져보니 거북이 등처럼 딱딱했다. 검버섯도 많이 피고 손마디가 일을 많이 하여 거의 뭉그러져 있었다. 사람 손이 아니라 뻣뻣한 가죽 같았다. 한참 이야기를 하시더니 김치를 담아야 한다며 사무실 문을 나가셨다. 다리가 불편해 오리처럼 뒤뚱뒤뚱 걸어가시는 모습이 안쓰러웠다. 거친 겉모습과는 달리 비단결처럼 고운 마음이 나를 설레게 했다. 교문을 나서는 꽃 할머니 등 굽은 어깨 위로 파란 봄 하늘이 곱게 펼쳐지고 있었다.

차車빛

아침바람이 차다. 버스가 정차할 때마다 하얀 원피스 자락이 펄럭인다. 정거장의 작은 전광판을 바라보며 717번을 기다린다. 3, 40분 간격으로 버스가 다니기에 아침 시간은 분을 다툰다. 시계탑주차장에서 시내 쪽에서 오는 버스의 앞쪽 번호판을 열심히 살폈다. 면허를 취득하고 바로 운전을 하였으면 이런 수고는 하지 않아도 될 텐데….

기다리던 버스가 내 앞에 멈췄다. 정신없이 올라탄 버스는 하이닉스 반도체 있는 곳에서 우회전을 하였다. 분명히 717번으로 보고 탄 버스였다. 창밖을 보니 아침마다 보는 모습들이 아니었다. 들판도 보이고 전혀 낯선 풍경만 동공을 스치고 지나간다.

오창과학단지를 가려면 717번을 타야 하는데 막막했다.

종점에 가서 내리니 청주지만 외곽에 있는 작은 농촌마을이었다. 출근시간인데 난감했다. 30분 전이었다. 어떻게 해야 할지 택시전화도 모르고, 출근을 하자니 별 방법이 없었다. 타고 온 버스를 다시 타면 늦을 것 같았다. 하는 수 없이 그 차가 출발할 시간을 기다리며 개울만 바라보고 있었다.

버스운전기사도 걱정이 되는 모양이었다. 가끔 과학단지로 출근하는 차가 이곳을 지나간다고 했다. 그 차에 사정을 해서 가는 방법이 있다고 말하며 조금 기다려보자고 했다. 아마 나 같은 사람이 또 있었던 모양이다.

10분쯤 지났을 때 하얀 아반떼 승용차가 오고 있었다. 버스기사는 그 차를 세우더니 내 사정을 이야기했다. 마침 천안으로 출근하는데 과학단지 주변을 지나간다고 했다. 우선 마음이 놓였다. 승용차를 안내해준 버스기사에게 고맙다는 인사를 하며, 처음 보는 낯선 청년의 차를 타고 출발을 하였다.

그 청년은 내가 다니는 길로 가지 않고 옥산 다리 아래로 가서 좀 도는 듯했다. 남의 차에 앉아 방향제시도 제대로 말할 수 없고, 운전대 잡은 사람의 마음대로 하도록 뒤에서 말없이 지켜보았다. 난 어리둥절하며 주변을 살폈다. 아마 본인이 천안으로 출근할 때 그렇게 가는 것 같았다.

뒷좌석에 앉아 차를 타고 가면서도 가슴이 두근거렸다. 이 청년이 다른 곳으로 차를 돌리면 어떻게 하나? 걱정도 되었다. 이순이 다 되어가지만 아직 여심女心이 남아 있었다. 요즈음은 사회가 너무 혼란하여 겁도 났다.

안개가 자욱한 도로를 지나자 학교가 희미하게 보이기 시작했다. 마음은 사무실에 가서 차 한 잔을 나눌까? 아니면 기름값을 드릴까? 기름 값을 드리려면 빈 봉투가 있어야 하는데…. 그냥 드릴수도 없고. 이렇게 망설이다 승용차는 학교 주변에 도착하였다. 주변머리 없는 나는 청년의 핸드폰 번호를 책 뒤쪽에 적고 고맙다는 인사와 함께 학교를 향해 발걸음을 옮겼다. 그렇게 아침의 어수선했던 마음은 사무실에 도착하면서 안정이 되었다.

그때는 내일이라도 바로 고마움을 전하고 싶었다. 하루, 이틀 지내다보니 또 무감각해져 다시 일상으로 돌아갔다. 그 청년의 연락처를 어느 책 뒤에 적어놓았는지 아무리 찾아도 보이지 않는다. 그냥 체면 생각하지 말고 기름값을 주고 내렸으면 그렇게까지 마음의 짐은 없었을 텐데…. 그날 아침의 일들이 빚으로 남은 것 같아 개운치 않다.

아무리 험악한 세상이라 하지만 아직도 어디엔가 메마른 마음을 촉촉하게 적셔주는 이들이 있기에 살아 있음에 감사한다.

어떻게 그 은혜를 갚아야 하는가?

나 같으면 선뜻 그렇게 태워 줄 수 있었을까? 917번 버스만 보면 아직도 눈에 선하다. 그때의 일들이….

잠시 청년을 의심했던 자신이 부끄러웠다.

917번 차가 시계탑 쪽으로 사라진다. 지난날 그 기사와 청년의 따뜻한 마음을 가득 싣고.

가을하늘 아래

교정에서 보는 하늘이 너무나 맑아 한참을 바라보았습니다. 구름 한 점 없는 시월의 가을하늘. 가끔 마른 해바라기의 잎새에, 고추잠자리의 날개에, 가을햇살이 곱게 내립니다. 슬프도록 파아란 하늘이 눈으로, 머리 위로 금방 쏟아질 것만 같았습니다. 말을 할 이유가 없이 그냥 하늘을 보고 있었습니다. 하늘 속엔 세월이, 서글픔이, 계절이 가득 담겨져 있습니다.

교실 앞 작은 뜨락엔 가을꽃이 곱게 피어납니다. 벌과 나비들이 꽃 냄새를 찾아 날아오고 있었습니다. 열린 창으로. 아기들의 속삭임이 곱게 핀 가을 꽃밭으로 흩어집니다. 파아란 하늘 아래 핀 가을꽃을 보니 실비 내리던 여름날 아이들과 함께 꽃을 심었던 오랜 기억이 되살아납니다.

그날은 가는 실비가 머리카락에 작은 물방울을 송송송 남기며 조용히 내리고 있었습니다. 전날 내린 비로 꽃밭은 꽃을 심기에 아주 알맞았습니다. 난 아이들과 함께 가을화단에 필 꽃을, 교실 앞과 실외놀이터 주변으로 가득 심었습니다. 아이들의 웃음과 기쁨과 사랑을….

인순이는 실비 내리던 날 꽃을 심은 이후로 가끔 아팠습니다. 가을에 핀 코스모스처럼 가늘한 목을 길게 빼고 말이 별로 없이 눈웃음으로 일상을 보내는 아이였습니다. 앉은뱅이 맨드라미를 좋아하는 인순이는 가을에 접어들면서 갑자기 몸이 아파 자주 결석을 하였습니다.

오늘처럼 파아란 날이었습니다. 나는 인순이네 집을 방문하기로 하고 징검다리를 건너 커다란 느티나무가 서 있는 마을로 갔습니다. 초가집의 작은 사립문을 열고 들어갔습니다. 흙으로 된 뜰에 편편한 돌을 딛고 들어가니 인순이는 어둠침침한 방에서 기침을 많이 하였습니다. 그 가는 목이 더욱더 가늘어졌고 기침을 할 때마다 힘이 들어 창백한 얼굴이 빨개졌습니다. 두 눈은 움푹 들어가 가련해서 볼 수가 없었습니다. 인순이의 손을 잡고 꼭 나아서 친구들이 기다리는 학교에 오기로 약속을 하였습니다.

"선상님 그냥 댕겨가서 지송합니다. 잘 가시소."라는 말씀을 뒤로

하고 나오는 발길은 무거웠습니다. 인순이를 위해 기도를 하였습니다. 그러나 며칠 후 내겐 전해진 소식은 인순이가 가련하게 하늘나라로 떠났다는 소식이었습니다.

"선생님, 인순이 죽었대요."

남쪽 창가 둘째 줄에 자주 비어있던 책상의 주인은 기다림도 아랑곳없이 아주 가버린 것이었습니다. 부모 없이 할머니와 어렵게 살아간 어린 생명이 너무나 애처로웠습니다. 나는 산마을 가을 산이 보이는 창가에 서서 소리 없이 한참을 울었습니다. 젖은 눈안으로 달려드는 하늘은 파랬습니다. 그때는 이십대 초반이어서 철없던 젊은 교사인 내게 처음으로 밀려온 그 서글픔은 많은 충격을 주었습니다. 아이들이 아파서 결석을 하면 불안하였습니다. 또 가면 어떻게 하나…. 지금도 30여 년이 넘었지만 인순이의 웃음과 눈빛은 파란 가을하늘에서 맴돌며 잊히지 않습니다. 그리고 인순이가 심었던 앉은뱅이맨드라미는 파아란 하늘 아래 말없이 피어 있습니다.

세월이 지나면 많은 것을 잊게 되는데 왜 인순이만은 내게서 오래도록 남아있는지 모르겠습니다. 그때는 내가 부모가 되지 않아 정말 죽음이란 것을 애달프게만 생각했지 뼈를 깎는 애절함이 따르는지 몰랐습니다. 자식을 키우며 생각하니 너무 서글픕니다.

파란 하늘을 쳐다보니 하굣길에 논 가운데 있는 방죽에서 열 살의 나이로 생을 마감한 남동생 얼굴도 떠오릅니다. 그때 담임선생님께선 처녀선생님이셨는데 잠시 실신을 하셨었습니다. 아마 그때의 내 마음과 같았을 것입니다.

계속되는 삶이 아이들과 더불어 이어지는 인생입니다. 아이들도 내 자식처럼 끈끈한 정으로 내 분신이 되어 함께 숨을 쉬고 있는 것입니다. 파란 하늘이 왜 슬픔으로 나를 잡아두는지 모르겠습니다.

정성 들여 가꾼 가을꽃들이 피기 시작하였습니다. 벌개미취가 진 옆에 진분홍 과꽃이 곱게 피고, 은행잎을 닮은 국화, 신비스러운 보랏빛 층꽃, 가을 하늘을 닮은 쑥부쟁이, 유원장 놀이터 주변의 보랏빛 꽃향유, 아기들의 함박웃음처럼 행복합니다. 그 꽃 속에 그동안 나의 곁을 떠난 아이들이 생각납니다. 인순이, 춘구, 영환이, 갑동이…. 지금 살아있으면 성인이 되어 함께 이야기를 나눌 수 있는 삶의 동반자들인데.

가을 하늘 아래 노란 은행잎이 지고 있었습니다. 내년 새봄을 기약하며.

가을 하늘을 봅니다. 티 한 점 없는 아주 깨끗한 하늘입니다. 어쩌면 저렇게 고운 하늘을 내가 볼 수 있도록 주셨는지 볼수록 신기합니다.

때 묻지 않은 아기들의 마음 같은 하늘입니다. 그 고운 하늘에 어떻게 마음대로 그림을 그릴수가 있겠습니까? 어느 화가가 이 하늘처럼 이름다운 그림을 그릴 수 있을까요.

저는 지금 서 있습니다.

가을 하늘 아래.

전화

하늘이 물빛 같다. 낙엽을 밟으며 걷는 머리 위로 빨간 가을이 떨어진다. 그 잎들을 보며 세월의 무상함을 느낀다. 부지런히 왔다가 바람처럼 가는 세월들. 계절 따라 피고 지며 나이테를 더해간다. 고운 세월은 머리, 어깨, 그리고 내 마음에 살포시 내려앉는다. 수북이 떨어진 가을 속에 유난히 고운 잎사귀를 바라본다. 그 속에 정겨운 얼굴, 그리고 밝은 웃음이 묻어난다. 오늘은 그 잎사귀에 서린 세월을 펼쳐보고 싶다.

은행 비가 곱게 내린 날 아침, 한통의 전화를 받았다. 전화는 중년 부인의 친근감이 감도는 목소리였다. 오래전 학부형이었다. 그녀는 동인지 속에서 내 글을 읽었다고 했다. 그리고 너무 반가워 전화를 했다. 사람은 살아있으면 언젠가 다시 만나는 것을 실감하는 날이었다. 그리고 함께 있을 때 좋은 관계를 유지하는 것이 살아가면서 꼭 필요한 것이라는 것도 새삼 깨닫게 되었다.

전화의 주인공은 경임이 어머니였다. 그녀는 아련한 내 기억 속으로 들어왔다. 통통한 얼굴에 작은 눈을 가지고 있었다. 가끔 유치원에 오는 날이면 오르간 옆으로 가서 건반을 눌러보았다. 노래를 좋아하는지 서투른 손놀림으로 동요 연주도 하였다.

오래전 스승의 날, 5학년이 된 경임이가 축하 전화를 하였다. 저를 기억하느냐는 내용이었다. 유치원 다닐 때 내가 보낸 편지에서 전화번호를 보고 전화를 한 것이라고 했다. 그때도 얼마나 감격했는지 모른다. 그런데 이번엔 경임이 어머니가 전화를 하셨다.

경임이는 면소재지에서 집이 멀리 있어 버스를 타고 다녔다. 교실에 혼자 남아서 다른 아이들 간 뒤에 가기 때문에 늘 버스 타는 곳까지 데려다 주곤 하였다. 당시는 귀찮은 생각도 들었지만 비가 내리는 날이면 우산을 쓰고 함께 버스를 기다리기도 했다. 그러던 경임이가 대학을 졸업하고 회사에 다닌다고 하였다. 그녀는 이런 인연을 늘 감사하게 생각한 것 같았다.

그곳을 떠나온 후 모든 기억 속에 그녀는 멀리 떠나 있었다. 해마다 사람이 바뀌기 때문이었다. 그래서 어느 땐 인사하는 상대편을 알아보지 못할 때도 많이 있었다. 누구라고 말하면 한참 기억을 되살려내야 알 수 있었다. 껌뻑이다 불이 켜지는 형광등처럼.

그날 기분이 깃털처럼 가벼웠다. 얼굴은 보이지 않았으나 정이 담긴 목소리가 다정했다. 그리고 나와 바라보는 방향이 같다는 것에 더욱 공감이 갔다. 글 속에 있는 꽃 이름이 그녀가 아는 꽃이 많아서 더 좋다고 했다. 그리고 그녀도 꽃을 기르고 있다고 하였다. 난蘭이 피어 향기가 날 땐 마음 맞는 사람들을 불러 차를 마신다고 하였다. 삶의 여유를 즐기고 있는 것 같아 보였다.

내 이름이 그녀의 기억 속에 사라지지 않은 것이 신기하였다. 사람을 대상으로 평생 동안 살아가다 보니 어려움도 많은데, 오늘처럼 이런 전화를 받게 되면 기분이 조금 들뜨게 된다. 경임이 어머니와는 반대로 혹은 내게 서운함을 가지며 나를 기억하는 사람도 있을 것이다. 좋은 기억을, 누군가로부터 받게 된 즐거운 마음을 그에게 돌려주며 사람 노릇 하고 산다는 것이 결코 쉽지 않다.

한 통의 전화는 그날 하루를 행복하게 했다. 허탈했던 마음에 새 힘을 불어 넣어준 것이다. 마치 꺼져가는 불씨에 던진 가랑잎 같았다. 작은 눈 속에 가득했던 온정을 그리며…. 그 순간을 다시 한 번 그려본다.

이효순 수필집

석곡石斛의 은은한 향기속에

인　　쇄 : 2011년 6월 06일
발　　행 : 2011년 6월 10일

지 은 이 : 이 효 순
발 행 인 : 서 정 환
발 행 처 : 수필과비평사

출판등록 : 1984년 8월 17일 제28호
주　　소 : 서울시 종로구 익선동 30-6
운현신화타워 빌딩 2층 207호
전　　화 : (02)-3675-5633, (063) 275-4000
팩　　스 : (063)-274-3131, 252-5633
이 메 일 : sina321@hanmail.net
essay888 @hanmail.net

정가 10,000원

ISBN 978-89-5925-863-5　03810

※ 저자와 협의, 인지는 생략합니다.

※ 잘못된 책은 바꿔 드립니다.

※ 이 책은 충청북도 문화예술진흥기금을 지원받아 발간하였습니다.